Nwaànyịzie

Nwaànyįzie
African Feminist Verses
(Igbo – English)

Frances Ngọzi Chukwukere

UNIVERSITY PRESS PLC
IBADAN
2006

University Press PLC
IBADAN ABA ABUJA AJEGUNLE AKURE BENIN IKEJA ILORIN JOS
KADUNA KANO MAKURDI ONITSHA OWERRI WARRI ZARIA

© Frances Ngozi Chukwukere

First Published 2006

ISBN 978 030 949 7

Printed by Panse Press, Ibadan
Published by University Press PLC
Three Crowns Building, Jericho, P.M.B. 5095, Ibadan, Nigeria
Fax: 02-2412056 E-mail: unipress@skannet.com
Website: www.universitypressplc.com

To

Pius Onyekwere Chukwukere

Preface

Language covers the entire field of human activity. It is practised virtually automatically in everyday communication, with little conscious attention to its rules. Literature has been described as a privileged realm in which language is exercised, clarified, and modified; and in this instance, the language of poetry is charateristically different from not only everyday communication strategy but also other genres of literature, viz: prose and drama. The term, poetic function, has been used to describe the specificity of the function of language in literature. Though we may not determine for a reader why some verses make a special appeal than others, a firm knowledge of the tools to poetic appreciation enables us to identify special features that make a poem worthy of reading and appreciation. Reading poems and studying what consitutes their poetic function ensure a more in-depth and mature appreciation of the work.

The poems in this volume are for both the serious reader and the casual appreciator. Some of the themes are simple enough for students in lower colleges while the complex themes of others are designed for tertiary education. Needless to say, the success of adoption by any group of readers lies in their interest and dedication to poetry, especially African poetry. The themes are catching, as they are refreshing, touching on aspects of African lives and existence in ways not approached before by any writer of African poetry.

It is fundamentally a poetry on female emancipation; seeing life from the point of view of the woman as a widow, the battered, the girl-servant, the sexually harassed, the menstrous... It examines the state of environmental degeneration and wars, and questions the motives of competing ideologies and orthodoxy in the modern African socio-cultural life. The work attempts to engender a reflection of the life of the African woman, and designs a methodological rigour — both of which go beyond the erstwhile settled ways of taking for granted the day-to-day marginalization that go with being a woman within the Igbo, nay, African arena.

This book is a productive articulation of the corporate life and existence of the African, trying in this regard to conceptualize some areas of marginalization vis-a-vis the dynamics of gender relations among members of the Igbo-African society. Questions that come at the end of each exercise are merely given as samples. Indeed, quite a lot of unasked questions go with each of the poems. Readers, students and teachers alike are urged to identify other questions not asked, and attempt to provide answers to them. Finally, there is the controversy about the extent of success in translating poetry from one language to the other. It is expected that readers and critics of the pressent volume would revisit this question as they go through this book.

Acknowlegements

A lot of people motivated the writing of this volume, and are continually sources of inspiration as I develop ideas that enhanced my regular interest in the field of Feminism. Without the first formal lectures on feminism from Professor Chuma Azuonye during my postgraduate (MA) years at the University of Nigeria, Nsukka (UNN), I would probably not have developed the methodological tools that now foster the articulation of issues and trends in feminist studies.

Indeed, Professor Azuonye, now at University of Boston, U.S.A., could rightly be called my godfather in feminist issues. Great thanks also to Professor Clara Ikekeonwu of the Department of Linguistics and Nigerian Languages, University of Nigeria, Nsukka (UNN) for keeping my interest in the field alive up to the PhD level.

Other committed members of the Linguistics Department (UNN) that gave me their support include Dr Gabriella Nwaozuzu and Dr Innocent Nwadike. I am equally grateful for the contributions of Associate Professor Rose Achunine, the Coordinator of Women Resource Centre (WOREC) at Imo State University, and Associate Professor Chinyere Ohiri-Aniche of the University of Lagos. Each of them believed I was capable of writing a practical book of this nature that deals with feminist issues from an African perpective. Thanks also to Associate Professor Vicky-Sylvester Malemodile, the Editor-in-Chief of the *Journal of Women*

Academics for acting as regular reminder that this book must be finished. Without the suggestion of Mrs Chinwe Jacobs for an English translation of this collection, this book would probably not have gained a wider readership. Members of my family including my children: Ugonna, Chioma, Chinedu, Obioma, and my ward: Oluchi Okwor, memorized portions of this collection, as they read and listened to them long before the final production. To my parents: Philo and George Obuegbe, and my husband: Pius Onyekwere, my immense thanks for accepting me as theirs.

Contents

Dedication	*v*
Preface	*vi*
Acknowlegments	*viii*
Introduction	*xii*
Nwaànyịzie	1
Woman gets Her Rights	4
Òdogwu Akpụakā	7
Strong-Armed Hero	11
Àbàlịagbāaka	16
Never-An-Empty-Night	18
Ụ̀wà Èbee	21
Earth Cries	25
Ọ Gà-Abàtacha	29
There's Enough Room	31
Òbìrìn'elu Àkwà	33
Resolved on the Bed	36
Ǹkè Ọma	39
Beautiful One	44
Abū̱ Ìnyòm̀ Mbā Ụ̀wà Nīile	49
United Nations' Women's Song	50
Èkpere Ụtụtụ̀ Nwaànyị̀ Àjàdù	51
A Widow's Early-Morning Prayer	54
Ògìge Īduù Àghọ̀ọla Ihe Ọ̀zo	57
The Garden of Iduu Has Transformed into Something Else	65
Mmiri Ọ̀gbàràndụ̀	73
Waters of Covenant	76

Nwam̄be I	79
Nwambe I	82
Èkàite Èkètala òkè	85
Ekaite has Received Her Share	91
Màgi̞, Onye Nàijirìa	97
Magi, the Nigerian	100
Ihe Chūru U̞ra	103
What Puts Out the Sleep	105
O̞ru̞ Onye Mkpocha Nà Nzàcha	107
À Task for the Sanitary Worker	109
Nkè Onye Jì	111
Whàtever One Holds	114
Anyi̞ Nà-À̞zo̞ Ginị̀?	117
For What Do We Compete?	120
Chì Àbò̞o̞la?	122
A New Dawn Yet?	125
Onye O̞ma m̄	128
My Beautiful One	130
Notes	132

Introduction

Consistent and significant features of this millennium and the one before it are the recognition of, and resistance to the dynamic opposition between a culturally dominant centre and a marginalized periphery. Exploitation is at the root of all forms of dominance, and this is represented to the people as part and parcel of their socio-cultural existence to the point that even the exploited become complacent and complicit in their own oppression. The analysis and confrontation of dominance and exploitation are important tasks in the articulation of the important role of language as a medium of cultural practices, as well as an instrument for domination.

The collection in the present volume is an attempt towards a deconstruction of language in a privileged way: to make strange the erstwhile familiar and make familiar the strange; to name the nameless, the taboo and the unnamed; and to put on the lips of the taciturn, a new song. *Nwaànyìzie*, a new Igbo term for feminism, touches not only upon the lives of women but also on the lives of men, children, the environment, relationships, myth and legend. In a nutshell, *Nwaànyìzie* is an articulation of life, nature and nurture, human strengths and foibles; an articulation of the beautiful/ugly, the good/bad and the true/false. The present volume attempts, among others, a reconceptualization of the dynamics of human actions, as well as the bases for people's settled ways of making meaning and accepting truths, including 'truths' that justify subjugation. By this collection, it is asserted that feminism is not a foregone issue, as some critics would prefer to see it; and by giving it an indigenous name, *Nwaànyìzie,* this poetry locates feminist issues in all aspects of the daily lives of the Igbo and the African.

The collection of poems in this volume is written essentially in Igbo, a language in the Kwa sub-family of the Niger-Congo language family, according to Joseph Greenberg's (1955) classification of African languages. As a result, a majority of its artistic quality remains in the original language–Igbo, in which it was consructed in the first place. The initial attempt at translation was to place the English version side by side, line by line with its Igbo original. But the effort was dropped when it was found that it seriously encumbered the smooth flow of each of the verses due to the cluttered pages of the entire work. Again, placing each line of the original poem side by side with each line of its English version presupposes a faithful translation. But much as we have tried to provide clues to the poetic beauty and meaning of each of the poems from Igbo to English by rendering them line by line, we have not tried to give a word-for-word interpretation of these. The English translation, which directly follows each Igbo original verse, is rendered to give an opportunity to readers who are unfamiliar with Igbo language to also enjoy this indigenous piece of art. In effect, the artistic life and quality of each poem remains in Igbo, although some some of these poetic elements may manifest as surprises, from time to time, in its English version. With the exception of two songs, namely "United Nations Women Song" (from United Nations Congress on Women) and 'Nwambe'

xiii

(adapted from an Igbo folklore), all other poems are original creations of the present writer and have not been adapted from, or published elsewhere. However, the same may not be said of the variety of ideas which reflect issues of our times: the woman question, child abuse, flagrant degradation of the environment, human rights, the concept of human relationship, sexual harassment, leadership, etc., all of which are issues that confront us in our socio-cultural milieu.

This book is a sure guide to instructors and students alike as well as general readers. It will serve the interest of those involved in comparative studies, African studies, linguistics and translation. Most importantly, it serves the interests of those involved in the development of a methodology in the study of feminsim especially from the African perspective. The various themes and motifs in this collection are developed from within the flora and fauna of Igbo socio-cultural environment. Nevertheless, these may be applied or adapted to much wider contexts depending on the interest and objectives of the user.

Igbo, like many African languages, is a tone language. To represent this important feature, we have used the folowing tone-marking style:

* high tones are unmarked
* low tones are marked ˙
* downsteps are marked – each can only immediately follow a high tone syllable in order to show a drop in pitch level of the preceding high tone. Only vowels and syllabic nasals are tone bearers in Igbo language

Nwaànyị̄zie

Nwaànyị bàta
Ụlọ̀ àkpòro ọkụ̄
Ọ pụ̀ọ.
Ụlọ̀ àtụwa oyī
Nwaànyị sàghee ụkwụ̄
Ụ̀wà èju na ndụ̀
Ọ sachie
Ụ̀wà àghòro ịkpā
Nwaànyị zụ̀ọ
Ụ̀wà àmara ihē
Ọ zụ̀ghị
Ụ̀wà àbụrụ ītī
Nwaànyị rahụ ụrā
Ụ̀wà èhiwe ụrā
O teta
Ụ̀wà èteta ụrā
Nwaànyị sònye
Ọ̀chịchị̄ ābụrụ ịgbà
O sònyèghị
Ọ̀chịchị àmàị ūre
Ògòrì gùzowe
Ọnwa àchịwa ọchị
Ọ nwụọ
Ọnwa èjiwe ōji
Ìnyòm zie
Òbòdò àbụrụ ịgba
Ọ kwụrụ

Àkụ̀ àbàta ụlọ̀
Ògòrì zie
Ọ̀chịchị̀ èkùru ndụ̀
Ọ kwụrụ
Ùdo ēburu ochē
Nwaànyị̀ tinye akā
Nwokē abụrụ ojị̀
Ọ kwụrụ
Ụmụ̀ abụrụ ùgò

Ọ̀ bụ̀ ònye?
Uhie dị̄ n'ọnwa
Ahà ya?
Ị̀gba dị n'egwu
Onye èbeē?
Elu ụ̀wà nīīle
Ọ̀ dị̀ òle?
Ọ̀kàra ụ̀wà nīīle

Ọ̀ chọ̀rọ̀ gịnī̀?
Ọ chọ̀rọ̀ ùdo n'ụ̀wà
Ọ̀ bụghī̀ ǹdọ̀rọ̀ǹdọ
Ọ chọ̀rọ̀ ịhụ̀naanya
Ọ̀ bụghī̀ m̀kpọ̀maasị̀
Ọ chọ̀rọ̀ ọ̀gànihu
Ọ̀ bụghī̀ m̀kpùmìisì
Ọ chọ̀rọ̀ egwu nà amụ
Ọ̀ bụghī̀ ọ̀gụ̀ nà m̀gba
Ọ chọ̀rọ̀ àhụikē
Ọ̀ bụghī̀ ǹrịàmọrịà

Ọ chọrọ àkụ nà ụba
Ò bughī ụkpa nà mgbei
O chọrọ nsọpụrụ
Ò bughī àgwà nletù
Ọ chọrọ ezi ugwọ ọrū
O chọghī akwūghị ugwọ
Ọ chọrọ ọchịchị ịgbà
Ò chọghī ọchịchị ūre.

Ihe Omume

1. Abụ a nyere aha abụọ ọzọ e jiri mara nwaanyị n'asụsụ Igbo. Kpọpụta ha.
2. Site n'asụsụ Igbo ma ọ bụ otu asụsụ dị na mba Afirika, depụta aha di iche e nwere n'olumba nke di n'asụsụ ahụ, ndị a na-akpọ nwaanyị. Deekwa aha olumba ọ bụla, ndị i siri na ha mee nchọpụta gị.
3. Chọpụta aha izugbe dị iche iche a na-akpọ nwaanyị n'asusu ndị e nwere n'Afrika. Ịma atọ: *obirin* (nwaanyị: Yoruba).
4. A kpọpụtara abụ a n'agba abụọ-abụọ, nke gosiri okwu 'ọbụrụna.' Ịma atụ:
   Nwaanyị zụọ
   Uwa amara ihe
   Ọ zughị
   Uwa adị nzuzu
   N'inyere ihe e dere n'abụ a aka, tụlee ma gosipụta okwu 'ọbụrụna' ndị ọzọ adịghị n'abụ a, nke nwere ike igbado ụkwụ n'isiokwu dị n'abụ a.
5. Kọwaa n'ụju, asụsụ nka ndị tinyere aka n'iwelite ụtọ abụ a.

Woman Gets Her Rights

Woman comes in
The house is filled with warmth
She leaves
The house freezes in cold
Woman spreads her legs
Earth abundantly fills with life
She wraps up
Earth turns into a desert
Woman trains
The world is wiser
She does not train
The world is retarded
Woman sleeps
The world goes into sleep
She wakes up
The world awakes
Woman is involved
Leadership becomes firm
She does not get involved
Leadership decomposes
Woman stands up
The moon spreads out in laughter
She dies
The moon is darkened

Woman gets her rights
The country becomes firm

She stands up
Wealth is ushered into the house
Woman gets her rights
Administration gets fresh life
She stands up
Peace begins to reign
Woman contributes
Man becomes the great iroko tree
She stands up
Children become the great falcons

Who is she?
The red dye in the moon.
Her name?
The drum in the music
Her home?
The entire face of Earth
Her number?
Half of the whole Earth.

She wants what?
She wants peace on earth
Not conflict
She wants affection
Not hatred
She wants progress
Not backwardness
She wants music and laughter
Not war and turmoil
She wants good health

Not illness
She wants wealth
Not poverty
She wants respect
Not humiliation
She wants her rightful wages
Not withheld wages
She wants strong governance
Not decomposing governance.

Exercises
1. Besides the word 'woman', two synonyms for 'woman' are mentioned in this poem. What are these?
2. Give a list of other dialectal names for woman in Igbo or any particular African language of your choice. Mention the dialects from where you got each name.
3. Find out the standard names for woman in many other African languages, e.g *obinrin* (Yoruba).
4. Below is an excerpt from the poem which is in dual stanzas comprising conditional statements:
   Woman trains
   The world is wiser
   She does not train
   The world is retarded
   In your own contribution, suggest five other conditional statements outside this poem which fall in line with the central issues of the poem.
5. Discuss the artistic devices of this poem including their effectiveness in the overall success of the poem.

Òdogwu Akpụakā

Ọ nọ maịlụ ìri nà ìse
Ụdà ụkwụ yā ēruola m̄ ntị̄
Ukùrù ume sī ya n'imi nà n'ọnụ̄
Èbunyụọla ọkụ ederimgbā m
Olu ọchị ya àdàala kòkòkò
Kà egbèigwē ǹke na-abara igwē m̀ba
Màkà mmiri ọ̄ chọghị̄ izēdà
Mkpụrụ anyā ya àghọ̀ọla tàǹgwa
Na-avọ vàrị̀m̀ vàrị̀m̀
Àchọ osisi
Ọ gà àkwatù
Àchọ ọhịa
Ọ gà èretù

Anya a rọ̀rọ̀ yà n'ugwu
Ọnụ a kọ̀rọ̀ yà nà ǹdịdà
M̀ba a bààrà yà n'ọnuwa anyanwụ̄
Ọ̀kpọ e sùrù yà n'adịdà anyanwụ̄
Ha níīle nà-ezùkọta ọnụ̄
N'otù ọnụ ụlọ̀
Ebe nwamgbèi tàpànyèrè
N'ume ǹghèǹghè
N'ụkwụ bèlèbèlè
Mụ,
Ụmụ̀ m,
Ụmùnnē m̄,

Ndị yīri m,
Ndị m yīri.

E gbùrù ùfọdụ tọ̀ọ̀tọ̀ọ̀
Kụọ ndị ọ̀zọ gwòògwòò
Napụ̀ otū ọ̀kàrà isi
Nara ọ̀kàra ọ̀zọ olu

A gūọ̄larị̀ ọnū̄
Bụ ndū̄ fọ̄dụụrụ anyị n'elu ụ̀wà
Ebe anyị kpòsàrà
Dị kà ewu òtòrò e kèrè agbụ
E bù àga ahịa Ēke Òbòdò

Ụdà ụkwū̄ ya dàrà gìdiṁ gìdiṁ
Di ka sojā ǹdè kwuru ǹdè
Ndi nā-azọ̄ ìgìdì agha mwabàta
N'ime ụlọ̄ ñzuzo onye agha nnupù isi

Aka o sùrù n'ụzọ̀
Bụ̀ *màgụ̀ fọọ̀*
Ǹke dọ̄wara ụzọ̀ iberibe ānọ
Ṁa mee kà uyọghịrịyọ nīile
Ghasara n'ime ụlọ̀
Ṁawa jìjìjì
N'ụjọ̄
N'ume mmapụ̀

Òdogwu akpụakā
Òdogwu akpụakā
Gị tụ̀rụ̀ Bōsìnià aka

Ha àdàa ogbì
N'otù ntabì anyā
Olu ị tụ̀ghàrịrị̀ chewe Rụ̀wandà ihu
Wedàrà ìjèrì ihe nā-ekù umẹ̄
Naāni anya ị rọ̀rọ̀ Sọmalià
Mèrè kà òke nà ǹgwèrè
Ghọ̀ọ dị̀ bị n'ụlọ̀
Mà meè kà ùdèlè nà ụmụ̀ ya
Wèghara ọdụ̀ ahīa ha
Nke nọ̄ọrọ na ǹdọ̀rọ̀ǹdọ̀rọ̀
N'ètitì ha nà ụmụ̄ m̄madụ̀
Kèm̀gbe ndị ọkpū nà ndị ègèdè

Òdogwu akpụ̀akā
Òdogwu gbāra ajị n'obì
Òdogwu jī ji
Jiri mmà
Òdogwu jī isi ōke
Jiri ntị̀ ya
Ikikere gī bụ̀ Nnà Nyèrèùgò
'Gbùo'
'Ebēpụ̀kwàlà isi'
'Tụ̀ọ ātomiki bọ̄m̀bù'
'A tụ̄kwala Nukilia bọm̀bụ̀'
'Fesàsịa ntụ antụ̄rakị̀'
'E lìkwàlà landụ̀maịnụ̀'
'Gbùo inyòm̀ gị ilu'
'A gbàjìkwàlà yà ọkpụkpụ'
'Maa yā ụra di kà o kwèsìrì'

'A mākpọkwala ya anya'

Òdogwu akpụakā
Òdogwu Nnà Nyèrèùgò
Ìnyìnyà ị nọ n'elū ya
Àghọọla agụ owùrù
Lèe ọdụ̀m bùzì gị àkpagharị
Ọchì èju gị̄ n'ihu
Mànà chi ējiwela
Agụū̄ ābịala agū̄
Òleē etu i sī̀ àrịtụ̀?

Ihe Omume

1. Deputa agwa mbụrụ anụmanụ niile ndị e jiri kọwaa onye chi ọjọọ nọ n'abụ a; ma kọwaputa ihe nke ọ bụla n'ime ha pụtara.
2. Deputa agwa mbụrụ anụmanụ niile ndị e jiri kọwaa onye ogbuniilu nọ n'abụ a; ma kọwapụta ihe nke ọ bụla n'ime ha pụtara.
3. Deputa agwa mbụrụ anụmanụ ndị ọzọ (ma e wezụga onye chi ọjọọ nakwa onye ogbuniilu) nọ n'abụ a; ma kọwapụta ihe nke ọ bụla n'ime ha putara.
4. Kọwaa ihe okwu a pụtara: 'Nna Nyereugo'.
5. N 'uche gị, nye usoro abụọ, n'obibi ndụ nwoke na nwaanyi, ebe atụmatu Nna Nyere ugo na-apụta ihe (i nwere ike inye ọmụmaatụ site n'omenaala Afrịka ma o bụ ebe ozo).
6. Kọwaa n'uju, ahịrị ikpeazụ asaa ndị nọ n'abụ a.
7. Gosiputa nke ọma asụsụ nka, ndị nọ n'ime abụ a.

Strong-Armed Hero

He is fifteen miles away
The sound of his feet
Has reached my ears
The breath from his nostrils and mouth
Has put out the fire from my candle
The sound of his laughter vibrates *kokoko*
Like the thunder rebuking the skies
For refusing to send down the rain
His eyeballs have turned into the evil fireworks
Dazzling *varim varim*
In search of trees
To fell
In search of forests
To set ablaze

The eye that slights him
Up the north
The mouth that scorns him
Down the south
Rebukes received by him
In the east
The blows rained upon him
In the west...

All gather now
In one accord
Into one room

Where the wretched hangs
In hearth of trepidation
Upon legs of uncertainty...
I,
My children
My mother's children
People that resemble me
People that I resemble

Some are beaten into a pulp
Others are broken into pieces
One half
Decapitated
The other half
De-voiced

An inventory has already been taken
Over the remains of our life on earth
We are bound in ropes
Like goats suffering from diarrhoea
Being taken to an auction sale
At the Eke Obodo market

His heels resound *gidim gidim*
Like several million soldiers
Marching in
To subdue
Tearing in
Into the hideout of a rebel soldier

The hands he hits on the door
Are *Mach four*
That splinter the door into four pieces
Shaking up the helpless
Littered all over the room
And they begin to tremble *jijiji*
In fear
In shock

Strong-armed hero
Strong-armed hero
You that pointed a finger at Bosnia
And it fell into dumb silence
Within seconds.
As you turned your neck facing Rwanda
Seven billion alive were mowed down.
By merely narrowing your eyes at Somalia
Rats and lizards were ushered in
Transformed into landlords.
And the vulture and its children
Reclaim their market stalls
Long in dispute
Between they and humans
From time immemorial

Strong-armed hero
Hairy-chest hero
In possession of the yam
In possession of the knife

In possession of the head of the rat
And in possession of its ears
Your strength is from the Royal Paternal Legacy
'Execute'
'Do not Decapitate'
'Release the atomic bomb'
'Do not release the nuclear bomb'
'Sprinkle forth the ashes of anthrax'
'Do not bury the landmine'
'Beat your woman into stupor'
'Do not break her bones'
'Beat her as need arises'
'Careful lest she loses an eye.'

Strong-armed hero
Hero from the Royal Paternal Legacy
The horse upon which you ride
Has transformed into a leopard
Behold the lion carries you around
And laughter is spread all over your face

However,
Night approaches
The leopard is hungry
How do you hope to dismount?

Exercises
1   List all the animal imagery that depicts the victim, and state what each represents.

2. List all the animal imagery that depicts the batterer and state what each represents.
3. List all other animal imagery (besides the victim and the batterer) in the poem and state what each represents.
4. Explain this concept: 'royal paternal legacy'.
5. Suggest at least two other areas in the male-female model of African tradition whereby the concept of royal paternal legacy may be said to still hold sway (your examples may be taken from any African or other culture).
6. Explain in details the last seven lines of this poem and state why they are important in the overall context of the poem.
7. Give details of the artistic devices used in this poem.

Àbàlịagbāaka

Ihe kpọtere m
Bụ ụdà ukùrù umē ya
Ǹke ṅā-adā kòròkòtò
Dị kà ebe kàtàpilā
Nà-èkpocha okporo ụzọ ōkwute.
Ụkwụ nà āka ịhụnaanya
Ghàsà n'elu n'àlà
Ịji nabàta ndị àmàrà ibè m.

Àda
Ǹkèchi
Ṁgboriè
Àmaghị m.
O jìrila ọgụ̀
Kobìe eriri uchè m.
Òsìmìrì nchèzọ
Kwòòrò ùgbòro ùgbòrò
Dị kà *terela*
Kwofère m̄ n'anya.
Ewoo Chukwu kēre ndụ̀
Lèekwa ọ̀zọ
Adābàla m̄
N'olùlu ōriri nchèzọ.
Ebe m̄ sìrì rute ebe à
Àmaghị m̄.

Ego m tìnyèrè...
Wepụ̀rụ̀ n'àkpà

.maị m wụ̀nyèrè...
Wụ̀sàrà n'ime isī
Anụ m tàrà...
Fabàrà n'ime afọ̀
Ha niīle kèrè m̀ agbụ
Wèe nụbā m̄ n'olùlù
N'ime ụ̄tọ ọ̄chịchīrị
Ǹkè erimeri bụbàrà m.
E rie àgbọọ
Agbọọ èrie.
Isi oghē
Afọ oghē
Àkpà oghē
Ụkwụ̀ oghē.

Òri īhe a gbọ̄rọ àgbọ
Ọ̀gbọ īhe e rīri èri
Onye nā-enye ēnye.
Onye nā-anara ānara
Ìfuru nà mkpụrụ ha mìrì
Sìtèrè n'otū m̀gbọ̀rọ̀gwụ̀ osisi.

Ihe Omume

1. O nwere ahiri ndi no n'abu a, ndi e nwere ike iji rutu aka n'onodu ogu abu hụtara onwe ya, di ka onye echiche no n'igharamiigha. Choputa ahiri ndi a.

2. Ogu abu kowara 'onye na-enye enye' nakwa 'onye na-anara anara' di ka otu ihe. Kedu ihe ndi mere ka mmadu abuo ndia yiwe onwe ha.

3. Kowaa n'uju, asusu nka ndi no n'abu a.

Never-An-Empty-Night

I am awakened
By the sound of her breathing
As it vibrates *korokoto*
Like the caterpillar
Scraping a rocky pathway.

The limbs of love
Are scattered all over
To receive the magnanimous like me

Ada
Nkechi
Mgborie
I do not know.
She has used a hoe
To pull apart the cords of my senses.
The oceans of amnesia
Blare past, severally
Like the trailer truck
Blaring across my sight.
Oh God, Creator of life
Behold, once again
I have fallen
Into the festive deeps of amnesia.
From where I've arrived
I do not know

The money I kept in...
Removed from my purse
The liquor I poured into...
Splashed inside my head
The meat I chewed...
Stuffed into my stomach

All have tightened their grip upon me
Pushing me into the trench
Within the savoury dark
Which merriment has led me.

Vomiting the ingested
Ingesting the vomit
Head emptied
Intestine emptied
Purse emptied
Waist emptied.

One that ingests the vomit
One that vomits the ingested
The giver
The receiver
Behold, the flower
And the fruit
Are progenies from the root
Of a single tree.

Exercises

1. Certain lines in this poem suggest that the narrator is in a confused state of mind. Identify these lines.
2. The narrator draws a comparison between the 'giver' and the 'receiver'. What similarities can you see in the two characters?
3. Give details of the artistic devices used in this poem.

Ụ̀wà Èbee

Mụ wụ̀sàrà ụnụ̀
Mmiri arā ndụ̀
N'isi
N'ọnū.

Olùlù mmīri m
Nyèrè ụnụ̀ òriri nà ọ̄ñụnū
Osisi jūru n'ògigè m
Nyèrè ụnụ̀ ọgwụ̀ nà ndò

Ụmụ̀ m
Òleē ebe m sìrì mejọọ ụnụ̀
Ụnū jì àwa m̄ n'afa?

Ụnụ̀ wèèrè mmà chàwaa m̄ àpàtà
Mịrị ọkpụkpụ m̄
Pịa egbè.
Ụnụ̀ ghụ̀ụ̀rụ̀ omejī m
Sụọ ntụ ōgbunìigwè
Ụnụ̀ dọbiìrì eriri afō m
Rụrụ ụta oghere okike
Ọ̀bàra dị m n'akwarà
Ka ụnū hùnyèrè n'ime ụgbō
Ụgbọ elū
Ụgbọ àlà
Ụgbọ mmīri
Ụgbọ aghā

Akwà mkpùchị m
Zògìdèrè mụ nà ụnụ
Site n'iwe ọkụ nkè anyanwụ
Mànà ùgbu à
Ahụrụ ojīī
Nke sìtere n'òtùlà ụgbọ ụnụ
Àdọrièla ògòdò m n'ifirifi
Ànyị nīīle wèe gbara ọ̄tọ
Gbara òkpoòfu
Na-ànya ọkụ
N'ehìhìè, anwụ ọcha

Gịnị kà m mèrè ụmụ m
Ha jìrì gbanahụ m
Chọwa nne ọ̀zọ
N'oghere ìkùkù
N'ọnwa
Nà kpakpando
Ebe mmiri ādịghị
Ìkùkù ạdīghị
Ndu adīghị?
Èbeē kà ha gà-àchọta nnē
Ebe ha jìrìlà ubè
Mapuo nkè ha afọ
Wèe kwara ngwongwo
Àchọ onye gā-akwọ̄ hā n'àzụ
Àchọ onye gā-ehichā ha imi
Àchọ onye gā-eche hā ara?

Ụmụ rīsiri nri
Kụrisia ọkụ
Lèe ha
Ągbụrụ ọgwụgwụ ogè!
Kà m nà-eku ume īkpeāzụ
Ka ụnụ nà-ekū ǹke ụnụ
Ọ dịghī onye n'ime ụmụ ajụàlà
Ǹke gā-agbanahụ àbụmọọnụ m̄
N'ihì arụ kwọ̄ arụ
N'ihì eze elu
Ǹkè ụnụ pùrù
Kà m nà-àgba gbùrùgburù
N'ajụ ọnwụ
Ka m nà-àma jìjìjì
N'oyī ọ̄tụtụ òkpòmọọkụ
M̀ sàghee ọnụ
M̀ loo puku mmadụ ìri nà ìse
Ọsịsọ̄ sī m n'isi èhupụta
Èhùjuola oke òsìmìrì
Òsìmìrì jìrì iwe wabàta
Ebe ōbibi m̄madụ
Kpokọrọ puku àbụ̀ọ na ìse.
Eke ọgbà wèe tụrụ gbùrùgbùrù
Gbòo ùhìe n'ọnụ ụzọ̀ ụmū m̄madụ̀
Ọ̀dụm wèe chere hā n'ùsekwū
Ijī ha gbaa àzị ọ̀tụ̀tụ̀

Ụmụ àmàmiihe
Gụrụ akwụkwọ

Mara akwụkwọ

N'ezīe, ụbụrụ ụmụ̀ m nà-ànụ ọkụ̄
Hà wèe nyopụ̀ta echi nà nwanne echī
Ụmụ̀ m mààrà ihe ha nà-ème
Ụmụ̀ m amāghị ihe nā-eme hā

Òleē etu ụnụ̄ sìrì bụrụ ọ̀kàchàmara
Na mmebì
Mà bụrụ ìtìbọrịbọ̄
Na mmezi?
Ụmū̇ kpara nkụ ahụhụ
Ǹgwèrè wèe biara ụnụ ụgwọ̄
Òfèke sūnyere ọkụ n'ụlọ̄ ōbibi
Mà chịrị utē gaba nrahụ n'ịkpā

Ọ̀ gbakara ute
Ọ̀ gbakara àla
Ị̀ gà-àrahụ èbeē?

Ihe Omume

1. Ụwa kpọpụtara akụkụ ahụ ya anọ, ndị ụmụ mbibi ya fọtọrọla. Site n'ileba anya n'ihe ọmụmụ ọdịdị ụwa, kpọpụta akụkụ anọ, ndị i chere na Ụwa na-arụtụ aka n'ebe a.
2. Kowaa atụmatụ okwu a:
   Ka m na-ama jịjịjị
   N'oyi ọtụtụ nke okpomọọkụ
3. Ụwa metụtara aka n'usoro anọ, ndị ọ ga-eji ata ụmụ ya, ndị nnupu isi ahụhụ; kpọpụta ahụhụ ndị a.
4. Deputa n'uju, asụsụ nka ndị e jiri dee abụ a.

Earth Cries

I poured unto you
The milky waters of life,
Upon the head,
Inside the mouth.

The depth of my waters
Provide you with food and drink.
The trees in my environment
Provide you with medication and shade.
My children
In what ways have I wronged you
That you now haunt me?

With your knife you slashed open my thighs
And pulled out my bones
To carve a gun.
You dug out my liver
And made a powder for mass destruction.
You tore out my intestines
And designed space shuttles.
The blood in my arteries
You have poured into your vessels
Air vessels
Land vessels
Sea vessels
War vessels.
My protective clothing
Hides me and you

From the hot wrath of the sun.
But now
The dark flatulence
From the anus of your vessels
Has torn my clothing into shreds
Thus we are naked
Are in sweat
Warming ourselves beside the fireplace
In the afternoon, sunny and bright.

How have I wronged my children
That they abandon me
In search of another mother
In the space
In the stars
Where there is no water
No air
No life?
Whither shall they find a mother
Having used a spear
To pierce their own mother's abdomen?
And taking off with their luggage
They seek one to carry them on the back
They seek one to clean their running noses
They seek one to offer them breast milk.

Children that finished their meal
And broke into pieces the earthenware
Here they are,

The end-time generation!
As I take my last breath
So do you yours.
None of the children of vipers
Will ever escape my vengeful curse
Because of the repeated atrocities
Because of the upper teeth
That you have cut first.

As I roll round, *gburugburu*
Through the death swoons
As I shiver
From the cold chills of heat
I open forth my mouth
And swallow fifteen thousand people.
The sweat pouring from my head
Has filled the great ocean
And the oceans in anger invade
The habitation of humans.
The anaconda rolls forth, *gburugburu*
And lies at the entrance of human children.
The leopard lies in wait for them in the kitchen
To eat them for breakfast.

Children of wisdom
Educated
Knowledgeable
Indeed the brains of my children are active
And they discovered tomorrow and the next.

My children know what they do
My children do not know what is happening to them.

How do you manage being experts
In destruction
But imbeciles
In reconstruction?
Children that gathered insect-infested firewood
Therefore the lizard seeks from you its dues.
Fools that have set ablaze their sleeping abode
And gather their mat to sleep in the desert.

One that tears the mat into shreds
One that tears the ground into shreds
Whither will you retire to sleep?

Exercises
1. Earth has mentioned four parts of her anatomy that are invaded by her children: human predators. A cursory study of the composition of earth would reveal these parts. Suggest them.
2. Explain this concept:
   As I shiver
   From the cold chills of heat.
3. Earth has made mention of four devices she has adopted as punishment for her abusive children. Mention these.
4. Give details of the artistic devices used in this poem.

Ọ Gà-abàtacha

Ọ gà-abàtacha
Mà e jiri ēhihiè zụọ ahịā
Jiri abàlị̀ gbaa nkwà
N'atụ̄ghị egwù
Asọ̄ghị ọnwụ
È wèe mēchie anya rie ụ̀kpàlà
Ǹkè àgbàtàobī nyèrè
N'asọ̄ghi nsi
Asọ̄ghi àja

Ọ gà-abàtacha
Mà ụzụ kpụọ mgbịrịmgba
E jì àchụ agwọ gāra n'ìtè ofē
E jì àchụ ọ̀dụ̀m rị̄gooro n'elu àkwè

Kà mbà nà mbà biri
Mà ogbè nà ogbè
Kà mmadụ̀ nà mmadụ̀ biri,
Ǹke ābụghị̄ mmadụ èbirikwa
Ihe nà-àga n'àbụ̀ọ n'àbụ̀ọ
N'àtọ n'àtọ
Karịakwa n'àtọ
Ǹke o bụ̀là dịchààrà ibè ya mkpa

Ọ gà-abàtacha
Mà aka ọrụ̄ ndị sojà
Bụrụ ichēkwa ọdàchi āla ọmajịịjị

Bụrụ ichēkwạ ọdàchi àlà mgbasu
Bụrụ ịrụ̄zi ọdàchị oke ìfùfè
M̀gbè ahụ̀
Sojà àsụpụ̄ uwe ōgbunììgwè
Sụ̀rụ ūwe ōche ǹdụ

Ọ gà-abàtacha
Mà akwụkwọ ndụ̀ chị̀à ọchị̀
Mà ogbē jī maa àbụ̀bà
Ụmụ̀akā èkùru ume ndụ̀
Okènyè èbitèe akā
Ụ̀bị̀àm̀ àgbafùo kà ùkpakā
Ìkikere ezē àghọ̀ọ ọchị̀ anụ̀rị
Onye lawa m̃mụọ
Ò jiri ihu ọchị̀
Ǹke dị̄ịrị naānị ndi tọ̄rọ Mètusēlà.

Ihe Omume

1. (a) Kpọpụta akaọrụ ndị a kpọrọ aha n'abụ a.
   (b) N'echiche nke gị, gosi ụdịrị akaọrụ ndị a ji, n'oge ugbu a, ma o bu na mgbe ochie.
   (c) Olee ụdịrị ọrụ ogu abụ na-ahụtara ha; oleekwanụ ihe abụ a jiri chee na ọ dị mma ka e kenye akaọrụ ndị a ọrụ ọhụrụ?
2. Kowaa n'uju, asụsụ nka, ndị e jiri dee abụ a.

There's Enough Room

There's enough room
For business in the day
For merrymaking at night
Shunning fear
Shunning death.
And with shut eyes
One eats the grasshopper
Given out by a neigbhour
Disregarding poison
Disregarding the taboo.

There's enough room
If the blacksmith moulds a bell.
To drive away the snake
From near the soup pot
To drive away the lion
That climbs into the bed.

And nations shall live with nations
And neighbourhood with neighbourhood
May humans live with humans
The non-humans shall live too.
Reality exists in twos
In threes
And in more than threes.
Each justifies the existence of the other

There is enough room
When the duties of soldiers
Are rescue missions in an earthquake
Are rescue missions in a volcanic eruption
Are for reconstructing the hurricane mishap
At such a time
The soldier of mass destruction removes his clothes
And dons the clothes of a life preserver

There is enough room
For the green leaves to laugh
For the yam tubers to fatten
Children breathe in the fresh air
Adults lives longer lives
Poverty disappears like an oil-bean seed, burst from its pods
Gnashing of teeth turns into laughter of happiness
One that retires into the spirits
Has laughter spread all over the face
The type reserved only for elders of Methuselah

Exercises
1. (a) List the different professions mentioned in this poem.
    (b) In your view, state the present (or 'older') roles of these professions.
    (c) What new roles does the poem foresee for these professions, and why does this poem think it is important for them to have new roles?
2. Give the details of the artistic devices used in this poem.

Òbìrì N'elu Àkwà

Ikpe mkwumoọtọ
Gbara òtọ kpee ikpē
Ebùbo ụ̄gha
Mkpọ̀rọ̀maasị̄ ēnweghị̄ ahà
Ọ̀dọ ugwọ erēghị ahịa
Ọ̀hụ̀rụ̀ àda yā mawa gèlègèlè
Zùte aliàlà nnē ya nyụọ maāmịrị ọkụ̄
Chetere ịhu nwa *bèbi*
Òkpoòfu àwụsịba
Mà n'isi
Mà n'ire
Mà n'ukwù

Ị nàarà ahà 'Òriñsi Nke M̄bụ' n'ihì anụ tàatà
Wèe hapụ̀ ndụ̀ kweere ọnwụ̄
Ebe ị nà-èri āwuùfu
Site n'ara
Site n'ukwù

Nrọ gị̄ nrọ òtùlè
Ude gị̄ wụbàrà n'olùlù
Ebe ị nà-àchọ anụ ejùla
Mpịọrọ enūghị gị agbọ
Mbēle asāghị gị afọ
Nne otù ekēghi gị afọ
Ọ̀ dị oyī

Ọ dị okụ
Ò kpọ̀rọ̀ nkụ
Ò rèrè ùre
Anya gị̄ hụ̀chàrà ha
Afọ gị̄ nàtàchàrà ha

Nwa m̄gbaraọ̄tọ kèlee gi 'N̄nọọ̀'
Ì fufèe n'isi
Àgbọghọ̀ sị gị̄ 'N̄deèwo'
Ị hachịrị ōdu
Nne ochie tuo gị̄ 'Maàzị'
Ì rọọ anyā
Otù asụsụ kà ị nà-àsụ
Otù asụ̀sụ kà ị nà-ànụ
Asụ̀sụ ozùrù-ukwù-ọnụ̄
Asụ̀sụ ò-bìrì-n'elu-àkwa

Òri ñri nkịtā
Otù ụbọ̀chị̀
Nkịtā gà-èri nrī gị́
Otù ụbọ̀chị̀
Nkịtā gà-èri gị̄
M̀gbè gi nà ndị imi anwụ̀rụ ibè gị
Gà-ekpùchigide arụ̄ èkètè
Èkètè arụ̄ èkpùchigide ụnụ̀
M̀gbè nne ùgo gà-èfedàta
Pụ̀nara ụnụ̀ abụ̀bà ya
N̄ke ụnụ̄ fòòrò n'anya ikē
Nke ụnụ̄ jìrìlà lọ̀kara nsị̄

Mgbè ahụ̀
Ọ buladī
Ọkụkọ
Gà-ajà ụnụ̀ eze ọchị.

Ihe Omume

1. Kọwaa nke ọma, ahịrị atọ ikpeazụ nọ n'abụ, nakwa mkpa ọ dị n'ihe niile a na-ekwu maka ya n'abụ a.
2. Gaa ọhịa nta ajụjụ maka o peka mpe akụkọ atọ gbasara obirin'eluakwa, ka ọ di n'oge ugbu a. Site n'akụkọ ndị i nwetere, dee abụ nke agaghị akarị otu ihu akwụkwọ, gbasara usoro obirin'eluakwa na mba Afrika n'oge ugbu a.
3. Olee ihe atụmatụ mbụrụ ejula na-akọwa n'abụ a?
4. Kọwaa n'uju, asụsụ nka, e jiri dee abụ a.

Resolved on the Bed

Justice upright
Delivered in nakedness
False testimonies
Nameless hatred

The debtor who never sold any goods
Sees his daughter and begins to pant, *gelegele*
Accosts his mother's youngest child and passes out
urine
Reminiscing a baby's face.
Begins to pour forth sweat
All over the head
All over the tongue
All over the legs

You took the title Excreta-eater the First.
For the sake of baby-meat
And denouncing life you chose death
While receiving bribes
From the breasts
From the legs

Your dreams are filled with dreams about the buttocks
Your deep breath pours into the trenches
Wherein you seek out snail-meat
The smallest-sized snail does not nauseate you

The medium-sized snail does not give you diarrhoea
The jumbo-sized snail does not give you constipation
Whether cold
Whether hot
Whether dried
Whether decomposing
Your eyes see them all
Your stomach collects them all

A naked infant greets you 'welcome'
You shake your head
A maiden says to you 'Good day'
You ignore her
A grandmother praises you *'Maazi'*
You narrow your eyes
One language do you speak
One language do you understand
The general language of the hips
Language resolved on the bed

One that eats the dog's meal
One day
The dog shall eat your meal
One day
The dog shall eat you
For whereas you and your fellow partners in mischief
Cover up atrocities in a basket
The basket of atrocities shall cover you up
Then the Mother Falcon shall descend

Snatching back her feathers
Which you plucked out by force
Which you have dipped inside the excreta
At such a time
Even
The fowl
Shall bare its teeth at you in derision.

Exercises
1. Explain in detail the import of the last three lines of this poem, and state why this is important in the overall context of the poem.
2. Make a field collection of at least three stories about sexual harassment in a real-life situation. Use these to construct a one-page poem about the realities of sexual harassment in Igbo or African social life.
3. State the significance of the snail metaphor in this poem.
4. Give the details of the artistic devices used in this poem.

Ṅke Ọma

Anākwala ntị n'akụkọ ụgha jụrụ ya ọnụ
'Ị kàchà mmā'
N'ime ndịinyòm òle?
O nà-atụle gị nà ǹdè kwuru ǹdè
N'ochiè n'ọhụrụ
Ndị ọ kpọ̀làrà àhụ nà mkpụrụ obi hà mmụọ̄
'Ahụ̀rụ̀ m̀ gị n'anya'
Karịchaa ōnye nà ibè ya?
Ndị bē ya kwụ̀ n'agụụ̄
Mà o kwèrè gị nkwà ụgbọ elū.

Abụ̄dịla òcheǹdo ya
Ebe ọ nà-àgba ọsọ ēzi nà ụlọ̀
Àgbanahụ ìnyòm nà ụmụakā.
Ị chọ̀rọ̀ ịbụ̄ agbakwuru èzùruikē?
Ihe mēre nà m̀bụ gà-èmerịrị
N'ihì nà ụdà kwapụ̀ kwapụ̀
Bụ̀ ihe egwu nà-àkụ kwà mgbe
N'ụbụrụ isī ya
N'ime obì ya.

Ṅke ọma
Ogologo akụkọ jùrù yà ọnụ̄
Egèkwèlà, ekwèkwèlà
Elèkwèlà, agàkwàlà
M̀gbe ọ̄ bụlà i sētìpụ̀ụ̀rụ̀ yà onwe gị̄
Ị ghọ̀ọla ōsikapa

Ǹkè e sìrì bunye nwa ngwèrè

Lèe akā ya, lọrịị
Lèe anyā ya, gùdèè
Lèe olū ya, gegem
Ǹke ọ bụlà kpuchìgìdèrè ime nà ime uchè ya
Ò nweghị mmasi inyē gị ùgwù
Nke kwēsịrị ùgo dị kà gị
Àkụ̀ nà ụ̀ba o nyèrè gi erūghị eru mà ọlị
Mgbè i tụ̀lèrè ihe mgbū ya nà ọ̀fọ̀tọ̀ọ̀fọ̀
Ǹke gā-esote ǹjèm̀ gị nà ya

Ǹ ke kāchas [m̀kpà
Bikō jìri āhụ ọma gị
Nke ānaghị àgba ụkā
Ọrụ kācha ọrụ dị
Ǹkè àhụ ọma nà-arụrụ gị
Inyē gị ònwe gị
Ichetara gị̀ onye ị bụ̄
Ị̀ gaghị̄ àgbanahụ āhụ gị n'ọsọ
Naānị m̀gbè ị hāpụrụ elu ụ̀wà

Àhụ ọma, òbi ńchụ àjà ǹkè mụọ nsọ̄
Onye nā-abàta n'òbi ńchụ àja
Gà-èkwesi ēkwesi
N' àhụ
N'ọgụgụ isī
N'ime m̄mụọ
Enyēkwala nkịtā ọnọ̀dụ
N' ògìgè gị dị nsọ

Ǹkè ọma
Adàkwàlà mugù
Zère ụgbọ epeepe
Ekwēla kà gwongworō kụ̄rụ njìn
Sòwe gī rịa gī elū

O nwèrè nwunyè
Mà bụrụ àkàrịògòri
Ò nweghị̄ nwunyè
Mà bụrụ àbàlị-agbā-aka
Lèe ụmū̱ ya
Ha nọ kà n'ọhia kà n'ụzọ̀
Ọ gwọ̄ọla ọrịà ukwù ùgbòrò agū̱tàọnụ
Ọ̀ gabèghị nnyòcha āhụ
Màkà ọ̄ria Ọ̄tazùrùàhụ

Ǹke ọma
Nwunyè ya nà-eyi yā egwù
Ụmù ya bụ̀ ndị irō ya
Ndị enyì chọrọ ya ọnwụ, taà nà echi
Ò wèe na-àchọ onye nrakwụrụ
Ịlāghàchì ụ̀wà nwatà
Ṁgbè elū wụ̀ àla ọ̄sa
Ebe nsògbu ọlī̱ ādighī̱
Òleē etu i sì èwepù nsògbu
Ebe ihe jūru ya àkpa bụ̀ naañị *kàtàakata*?

Ǹkè ọma
Ọ̀ tụlèbèghị̀ ụchè n'okwu Ndụ̀

Ire yā jùrù n'ịghàràmịịgha
Ọ̀ kwetāghị n'okwu Òkìke ọ bụ̀là
Sitere n' Ọ̀dịnààlà
Rùo nà Kraịst
Gafère n'Àlakụ̀ba
Ọfị́ enwēghi ọnọ̀dụ
N'ètitì ya nà àpàtà mụrụmụrụ

Ihe ọ chọ̀rọ̀ bụ̀ ìtè mmanu añū̄
Ọ̀ gaghị̄ àkwụsị mà ìtè akụ̀wàghị̀
Mgbè o hìchàrà ọnū̄, bìlìe
Ifirifi ìtè èju n'apịtị̀ apịtị̀
N'ùre ūre
Ọ̀ bụlādị ùdèlè nwaōrin'ozu
Gà-àtụ ụjō̄ ikpūdèwè ìtè ǹso

Ǹkè ọma
Ihụ̀naanya ōnwe gi kàcha mmā
Ị̀ gaghị̄ èkwe kà a lalùo gị̄
Nchekwa ōnwe gị kàchà mkpà
Ị̀ gaghị̄ èkwe kà ìkpèrìmà zuru gị̄
Ọnye ohị̄ kà ọ bụ̀
Mgbè ọ hị̀ọ̀rọ̀ gị̀ aka n'àhụ
Ekwēla kà nkịtā kpudèwe
Chụpụ̀ ijị̄ji n'òbi ñchụàja
Ǹke dị̄ịrị naānị onye tōzùrù ètozù
N'àhụ
N'ọgụgụ isị̄
N'ime mmụ̄ọ.

ne Omume

1. N'uche nke gi, olee ụdịrị nwaanyị abu a na-enye ndụmọdụ?
2. Abụ a jiri ọtụtụ ihe nka, iji gbochie nwaanyị ikwere n'okwu ịhunaanya nke nwoke na-enye ya. Kọwaa okwu nka ndị a.
3. Olee ihe dị mkpa nke ite-anụ na-arụ n'abụ a?
4. N'echiche nke gị, olee ihe atụmatụ ịhụnaanya onwe na-akọwa; oleekwanụ ihe e jiri chee na ọ dị mkpa n'ebe nwaanyị a na-agwa okwu nọ?
5. Kọwaa n'uju ụdịrị muudu nke abụ a nwere.
6. Kọwaa n'uju asụsụ nka, ndị nọ n'abụ a.

Beautiful One

Listen not to the lies that fill his mouth
'You're the best'
Amongst what number of women?
He compares you with billions upon billions
Past and present
Whose hearts and souls he has sent unto the nether world.
'I love you'
Much more than who and who?
His family is in hunger
Yet he made you a promise of an airplane

Never be the shelter
As he escapes from his household
In flight from wife and children
Do you want to be a place of succour?
What happened in the past will surely repeat.
For, the drumbeats of a hasteful packing
Are the sounds of his music at all times
Within his head
Within his heart.
Beautiful one
Lengthened speech fills up his mouth
Listen not, heed not
Look not, visit not.
Whenever you stretch out your body to him
You've turned into the rice meal
Prepared and presented to the lizard
Behold his hands, soft

Behold his eyes, sensual
Behold his neck, determined
Each hides the depths of his mind.
He has no intent to give you respect
Due for a falcon like you.
The wealth and plenty he gives you are insufficient
As you compare the pains and mess
That would follow from your relationship with him.

More than anything else,
Please hold unto your good health
That never gets sour
A huge work is there
That your good health does for you
Giving you yourself
Reminding you who you are
You will never escape from your body
Until you leave the face of the earth

Good health, the temple of the holy spirit
Whoever shall enter the temple
Should be worthy
In the body
In reasoning
In the spirit
Give not the dog a space
In your holy temple

Beautiful one
Don't fall a victim
Avoid a wooden canoe
Allow not a delapidated grounded lorry
To go after you and run you over

He has a wife
But remains a vagabond
He has no wife
But remains a never-an-empty night
Behold his children
In the bushes in the streets
He has been treated severally of sexually-transmitted diseases
He has not gone for a test
On acquired immuno-deficiency syndrome

Beautiful one
His wife terrorises him
His children are his enemies
His friends want him dead, today and tomorrow
Then he looks for a comforter
To go back into childhood
When the sky was a habitat for the squirrel
Where there is not the least problem
How would you solve the problems
Whereas his luggage is filled only with controversies?

Beautiful one
He has not given a thought to teachings about life.

His tongue is filled with contradictions
He does not believe in any teachings about creation
From the tradition
Through Christianity
To Islam
None have a place
Between him and a smoothened thigh

What he desires is the honey-pot
He will not stop if the pot does not break
As he cleans his mouth and rises
The broken pieces of pot are filled with mud
With decay
Even the vulture, dead-flesh-eater
Will fear to approach

Beautiful one
Self-love is best
You won't allow yourself to be wasted
Protection of self is most desirable
You won't allow the criminal to steal you away
The rogue is he
When he rolls his hands over your body
Allow not the dog to come close
Drive out the fly from the temple
Reserved only for the worthy
In the body
In reasoning
In the spirit

Exercises

1. In your own opinion, what type of woman is the advice contained in this poem intended for? State the basis for your view.
2. The poem uses several features to discourage a woman who is being wooed by a man. Discuss some of these features.
3. What is the significance of the honey-pot in this poem?
4. In your opinion, what is the concept of self-love and why is it deemed important for the female addressee in this poem?
5. Describe the details of mood in this poem.
6. Give the details of the artistic devices used in the poem.

Abụ Inyòm Mba Ụ̀wa Nîîle

Izùgbè ebe dum
Izùgbè mbà dum
Ụmụ̀ nwaànyị nà-àgba mbọ inwere ònwe hā
Ọ bụghịzi n'ònyìnyọ
Ebe ha kwụ̀ n'àzụ
Kamà na-àga n'ezi nhàtànhà

Kà ànyị gụọ nụ̀ egwu ụmụ̀ nwaànyị
Ebe dum
Ya hasie ikē
Hasie ikē
Ya anyụkwala kà ọkụ̀
Kà ànyị gụọ nụ̀ egwu ụmụ̀ nwaànyị
Ebe dum
Nhàtànha
Ògàniihu
Nà ùdo

Ihe Omume
1. N'echiche nke gị, nye nkọwa gbasara nhatanha, nakwa ihe mere e jiri dee ya na ọganiihu na udo dị ka ejima ato.
2. Jiri ahịrịokwu ọ bụla ị chetere, depụta abụ a na nkeke n'ahịrị anọ, nke ga-achịkọta isiokwu gbasara Nwaanyịzie dị ka mbọ nnwere onwe.
3. Kọwaa n'uju asụsụ nka, ndị e jiri dee abụ a.

United Nations Women's Song

All around the nation
All around the world
Women are longing to be free
No longer in the shadows
Forced to stay behind
But side by side in true equality

Let's sing a song for women
Everywhere
Let it ring and ring aloud
And never let it cease
Let's sing a song for women
Everywhere
Equality
Development
And Peace.

Exercises
1. In your own view, describe the concept of equality and why it is placed as parallel to development and peace.
2. In your own words, suggest a four-line catchphrase that would in a nutshell articulate the central issues of feminism as an emancipatory tool.
3. Give the details of the artistic devices used in this poem.

Èkpere Ụtụ̀tụ̀ Nwaānyị Àjàdù

Òkìkè, mmā mma
Ehiela m̄ teta ūtụtụ̀
Gòzie m̄ gòzie ụmụ̀ m.
N'ezi àmàrà
Zùte nwā gị i kpọ̀rọ̀ okù
N'ọmiikō leghàra ngahiè
Ọ gāhìèrè nà m̀madụ̀
Mà chedọ yā
N'afọ ọma nà èberè

Ikwu nà ịbè, lèe hā
Enyi nà ọgò, lèe hā
Nne di nà nnā dī, lekwàsị hā
Nnadī nà àgbàtàobì, elēghàràlà ha

Ndị aka hā dị̀ ọ̀cha
Ndi māara ebe mmirī
Sìrì bàa òpi ụgbògìrị
Ndị ānụghị̄, ahụghị̄, emeghị̄
Ndị nūrụ, hụrụ, mere
Ndị nyēre nkè ha nwèrè
Ndị zọ̄kọọrọ nke fọ̄dụrụ...

Aghọ̀ọla m̄ onye kpūru ìsì
Sàpee m̄ anya
Abụ̀zì m̀ onye ogbi
Sàpee m̄ ọnụ̄

Mèghee m̄ ntị
Ǹgwọrō kàzì m̀ mmā
Gbàtịa m̄ ọkpụkpụ

Kà m hụ, nụ
Kà m kwuo, kwụrụ
Màkà ọrụ nnà, di
Ọrụ nnē, nwunyè
Ọrụ ụ̀wà
Ụ̀wà n'any- àjàdù
Ewo! Nwaànyị na-esi ògìrì
Màràjịjị anya mpịa
Ee! Jụ̀ọ nụ̀ m̀ ajụjụ azụ̀
Nà m si ahịa Orū

N'ezīe,
Omegbu nwā ohù
Bụ̀ ohù n'onwe yā.
Ohù, hichàpụ̀ ihu ọchị̀ gị
Ụbọchị ǹkè gị
Nkịkara ute nke fọ̄dụrụ
N'òlìlì ozu nwannē gị
Bụ̀ ụgbọ ụ̄la gị
Ohù achị̀là
Màkà nà ụ̀fọ ọnwụ̄
Fọ̄dụ̀ụ̀rụ̀ naānị onye dị̄ ndụ̀

Okike, kasìe m̄
Nye m̄ obì mgbaghàra

Nà umeàlà
Kà m dị njikere
N'ọrụ dị n'ihu
Ọrụ nwaànyị àjàdù
Nke naānị gị bụ̄ Òkìkè
Nà-àrụrụ àjàdù.

Ihe Omume

1. Ọ dị gị ka nwaanyị ajadụ a na-ekwu maka ya, ọ dị afọ ole? Kọwapụta ihe nọ n'abụ a nke butere ọsịsa i nyere.
2. Hazie ndị nwaanyị ajadu nọ n'abụ a maara, na ngalaba abụọ, dị ka ihe ha mere n'ọnwụ di ya.
3. Tụlee ahịrị ndị a ọzọ, ma zaa ajụjụ na-esote:
   N'ezie
   Omegbu nwa ohu
   Bu ohu n'onwe ya
   (a) Olee etu ahịrị ndị a siri daba n'atụmatu ndị na-ekwu na nwaanyị bụ onye iro ibe ya, tụmadị n'ihe gbasara mfọtọ ajadụ na mba Afrika, nke gụnyere Igbo.
   (b) Olee ụzọ ahịrị ndị a siri daba n'atụmatụ gbasara okwu dum a na-ekwu gbasara ndụ mmadụ n'ụwa.
4. Kowaa n'uju, asụsụ nka, ndị nọ n'abụ a.

A Widow's Morning Prayer

Creator, greetings
I've slept and woken up in the morning
Bless me bless my children
In your goodness
Receive your child whom you have summoned
Mercifully look away from the wanderings
Which he has done as human
But shield him
With kindness and mercy

Kith and kin, look upon them
Friends and in-laws, look upon them
Mother-in-law and father-in-law, look upon them too
Relatives and neighbours, look not away from them

The ones with clear conscience
The ones that know from where the water
Has entered the pumpkin-pipes
The ones that heard not, saw not, did nothing
The ones that heard, saw, did something
The ones that gave out what they had
The ones that grabbed what was left

I've turned into the blind
Open forth my eyes
I'm henceforth a dumb

Open forth my lips
Open forth my ears
The cripple is henceforth better than I
Straighten out my bones

That I may see, hear
That I may speak, stand
For the duties of a father, husband
For the duties of a mother, wife
For the duties on earth
The earth from the eyes of the widow
Alas! A woman that trades in *ogiri*
Knows even the blind fly
Surely! Seek from me a piece of fish
For I'm from the riverine market

Indeed,
One that maltreats the poor slave
Is a slave as well
Slave, wipe off the laughter from your face
When your day arrives
The tattered leftover piece of mat
In the burial of your sibling
Turns to be your homeward journey-vessel
Slave laugh not
For the remains of death
Await you the living.

Creator, comfort me
Give me a forgiving spirit
And humility
That I may be ready
For the coming duties
The duties of a widow
Which only you, Creator
Performs for the widow

Exercises
1. Suggest the age of the widow in this poem and state the ideas from the poem that guided your suggestion.
2. Classify the widow's relationship with others into groups with respect to their roles at the period of her hushand's death.
3. Study the following lines again and answer the questions that follow:
   Indeed,
   One that maltreats the poor slave
   Is a slave as well
   (a) How are these lines pertinent to the concept of females as enemies to themselves, especially in issues of widowhood practice in many parts of Africa, including Igboland?
   (b) How are the above lines significant to the concept of human existence in general?
4. Give a detailed account of the artistic devices used in this poem.

Ògìge Īduù Àghọ̀ọla Ihẹ Ọ̀zọ

Àmadi nà-ele n'anya,
Onye nọ̄ ya n'akụ̀kụ̀.
Ụjọ imēchi anya ọ̀zọ nà-atụ̂ yā.
Ọ̀ maghī̩ uchè onye à
Ọ̀ maghī̩ uchè onye kēre onye à.
Lèedi, otù m̀kpịsị ǹgụ̀gụ̀ ya èfùola.
Ikekwe, o mechie anyā ọ̀zọ̀
À nara yā isi
Jiri kpụrụ ihe ọ̀zọ.
Àmadi āmaa ọsọ̀:
Òleē urù e-nyechaa, ā-naghara?

'Àmadi chọ̀rọ onye mkparịta ụka'
Òleē m̀gbe ọ riọrọ̀ nke à?
Anụmànụ̀ nīile
Agwọ, ọ̀dụ̀m
Aguiyī̩, ụmụ̀ nnụ̀nụ̀
Na osisi nà ìkùkù
Nà mmirī̩ nà ọkụ
Nà-èkwenyere yā n'okwu
Nà-ème ihe ọ chọ̀rọ̀
Òkīkè nà-abịà Īduù nọ̀nyere Āmadi
Àmadi nà-aga Igwē nọ̀nyere Òkīkè
Efùru wèe bàta
Ògìge Iduù àghọ̀ọ ihe ọ̀zọ.

'Àmadi chọ̀rọ̀ onye ēnyemaaka'
Ọ̀ bụ̀ onye ugbō?
Kà ò bụ̀ onye ụzụ̄?
Ọ̀ bụ̀ diòchì?
Kà ọ̀ bụ̀ dintā?
Nri gbọ̀rọ̀ nyàfụ̀nyàfụ̀ n'Ògigè
Ọ matia akā
Ọ̀ ghọrọ ūbe tụiga n'ọnụ̄.
Ọ tụgharịa ihū
Unère chāra acha chọ̀rọ̀ nracha
Ọ tụgharịa āzụ
Òròma puru n'ụ̀tụtụ̀ àmịala, chaa.
Ènyèmaaka bụrụ n'ọ̀rụrụ
Àmadi enwēghi ọrụ
Ènyèmaaka bụrụ n'òriri
Àmadi akpọ̄ghị ọbịà

Àmadi ātụgharịa ihū
Lewe onye ēnyemaaka
E jìrì màkà ya
Napụ̄ yā m̀kpịsị ǹgụ̀gụ̀
Jiri màkà ya
Tinye yā n'ụra yīri ọnwụ
Ụjọ̄ bụ̀zi nri Āmadi
Ebe ụra jụ̀rụ̀ ịgā ya n'anya
Ọ hụ ònyìnyò,
Ya nà ọsọ
Ògige Jdūù

Àgbala yā gharịị
Mgbè o jìrì dabà n'ụra
Abàlì òle
Izù òle
Ọnwa ōle
Afọ̀ òle
Ọ dịghị̄ ṅkè uchè ya bùtènwùrù.
E lēghi anya
Otù mkpịsị ṅgụ̀gụ́ à
Bụ ebe e chèwe è chèta nọ̀bùurù
Ònye mà,
Ǹgụ̀gụ ākọ nà uchè
Kà a nāpụ̀rụ̀ nye onye ēnyemaaka.

Onye ènyemaaka n'ezīe!
Ị bàtàrà Ògìge Īduù
Tụ̀tụ̀ghara ṅkè m jì èji
Ị bàtàrà Ògìge Īduù
Ìduu wèe gbanwèe
Zawa ahā ọ̀zọ
Ụra pụ̀rụ̀ ànyị niīle n'anya
Ọ̀dụ̀m nà agụ
Nà-àzọ onye gā-akwọ̄ gị̄ n'àzụ
Akpị nà ọgbakụrụ
Nà-àzọ onye gā-avọ gị̄ ntùtù isī
Aguiyī nà enyi mmīri
Nà-àrịọ kà ha saa gị̄ àhụ
M gawa ihū Òkìkè kà ọ dị̀ nà mbụ
Òkìkè àsị kpọ̀ta gị̄

'Efùru bụ àhụ̀ Āmadi
Mmadụ̀ ānaghi àgbanahụ āhụ ya n'ọsọ'
Ụra āgwụla m̄ n'anya
Ebe m nà-èchegide m̄kpịsị ǹgụ̀gụ̀
Òlẹmòle e wèfọ̀ọ̀rọ m
Ònye mà echìchè gị na onye kēre gị?
N'eziē, Ògige Īduù àghọ̀ọla ihe ọ̀zọ.

Ị̀ juọkwala ihe ahà gị jìrì bụrụ Efùrù?
Ị nọ̀ ebe à n'efù, ǹkịtị
Ọ̀ dighī ọrụ dīịrị gị ịrụ̄
Ị̀ juọkwala ihe ahà gị jìrì bụrụ Nwaànyị?
Ị bàtàrà wèe nyī m̄
Ògìge nīile chèrè ihu ebe ị nọ̀
Nkè ị kpọ̀ọ̀rọ̀, ò jìri ọsọ̄ gbata
N'ezīe, Ògìge Iduù àghọ̀ọla ihe ọ̀zọ
Ògìge Īduù gbanwèrè kpamkpàm̀
Ihe nīile m nyèrè ahà àgbanwèela
Ọ̀ bụlādi Òkìkè èwètala àgwà ọhụ̄ụ̄
Bikō, onye ọbịa mbibì
Òleē m̀gbè ị gà-ènyeghàchi ikikere i nwèrè n'Ìduù
N'aka Diàla i zùùrù ya m̀gbè ọ nọ̀ n'ụra?
Bikō, onye ọ̀-kpụ-īsi-erī-ngo
Òleē m̀gbè ị gà-ènye òhèrè n'Ìduù
Kà ndị Chukwu kèrè nụrụ mmīri tọwa īko?

Efùru, Efùru
Nyeghàchi m̄ m̀kpịsị ǹgụ̀gụ̀

Ǹkè e fònyèrè gị̀ n'ajụ̄ghị m ajụ
Efùru,
Nyeghàchị m̄ àkọnùuchè
Ǹkè i jìrìlà kwere ikē
Efùru,
Gàa wètara m̄ àkọnùuchè
Site n'osisi ukwu ahụ̀
Osisi ọnwụ nà ndụ̀
Osisi àmàmiihe
Ọ kwụ̀ gèdèm̀
N'etitī Ògìgè Īduù
Ghọ̀ta, kwụ̀ọ ụgwọ i jì
M̀gbè Òkìke dọ̀wàrà ụgwọ̄
Kà o si n'onye būru ụzọ̀ gahìè

Àmadi! Lèe m̄ n'ọ̀tọ
Efùru! Lèe gị̄ n'ọ̀tọ
Ọ̀zọ ādakwàsila n'elu ọ̄zọ
Olu Òkìkè nà-adàkpo n'ike n'ike
Òkike, ajụ̄kwala m ebe m nọ̀
Anọ̀ m̀ ebe nwaanyị̀ i kèrè dòwèrè m
Lèe Efùru kpọ̀wa mà ọ̀ gà-àza
Efùru tère ofe nwam̄kpi jìrì rakwaa àgbà!

Òkìke kēre Efùru, ngwanụ,
Onye i kèrè èkè
Ènupùrula gị̄ isi
Òkìke kēre Efùru, ùgbu à
Nwaànyị̀ èriela nrī kụwaa ọ̀kụ̀

Kamgbè mụ nà gị n'Ìduù
Ọ dịla nkè i kwùrù m jụ̀rụ̀ imē?
Mànà ùgbu à,
Onye kūnyere nwa ènwè mmirī
Nwèzì ọrụ ịnāpụ̀tà yà ìko
Òkìkè, gị tèrè ofe nwamkpi jìrì rakwaa àgbà!

Mbà! Òkìkè, emēkwala nke à
Ị nà-àchụpụ̄ m n'Ògìge Ìduù?
Ògìgè m nyèrè ihe nīile dị n'ime ya ahà
Agụ̄ mụ nà ya nà-egwùribu egwū
Àmịala mbọ ọ̀gụ̀
Agwọ kpụ̀jụ̀rù asọ mmīri ọnụ̄, bụọ m̄
Aguiyī nọchìrì ebe m sì èkuru mmīri
Ọ bụlādi ìgwè agbịsị̀ nà ìgùrùbè akpị̀
Gbanwèrè asụ̀sụ hā
Ewōo! lhe āgbanwèela kpam kpàm n'Ìduù

Ọsọ kà m jìzì àga
Àgbalahụ ēzi nà ụlọ̀ m
Àgbalahụ Òkìkè
Àgbalahụ Efùru
Mà, m tụgharịa,
Efùru sò m n'àzụ
Mmadụ ọ̀ nà-àgbanahụ āhụ ya n'ọsọ?

Ọkpara m̄ bụ̀ Kàine:
À nà-elè ikikere ōnye nà ibè ya?
Ụ̀lụọkpara m̄ bụ̀ Bèlusọ̀m:

Bèelu sọ onye ēnyemaaka m̄
Ògìge Ìduù agāraghi àgbanwè
Kàine jìrì iwe dị n'ọbàrà nnà dọgbuo Bèlusọm:
Ǹke ātọ wèe bụrụ Chèta:
Ọ dịghị mma ichèzọ ihe mēre n'Ògìge Ìduù
M na-àriọzi Òkìkè kà ọ kpọbàta
Kpọbàta, ọ bụlādị Àmadi
Tighàchi Iduù n'ọnọdụ ọ dị nà mbụ

Ụbọchị àgaa ụbọchị
Izù àgaa izù
Afọ àgaa afọ
Oke ǹtàràmaahụhụ kà elū kà àlà
Onye hụ nwanne ò gbuo rie
Òkìkè wèe gara bàta bē m
Ọnye kpọ̄bàtàrà yà ụlọ bụ Efùrù
Ebe ha sìrì hụ àmaghị m
Ihe ọ bịàrà bụ kà m chègharịa
Ànà m echègharị, àgahiètụla m̄?
Ihe ọ biàrà bụ kà m kweta
Kweta, mà mèe ọ̄pịpịa
Nà mụ būị Àmadi
Tèrè ofe nwaṁkpi jìrì rakwaa àgbà!
Naānị m̀gbè m kwètàrà, kà m gà-abàta
Wèghara ọzọ ọnọdụ m n'Ìduù

Òkìkè ọma, èkèle! -
M gà-emezùcha ihe nīile i kwùrù
Naanị, zàa otù ajụjụ à
Efùru ọ gà-esō m bàta ọzọ n'Ògìge Ìduù?

Ihe Omume

1. Abụ a na-akọgharị akụkọ okike nke sitere na mba ndi Griis na Roman, nke a kọgharịkwara n'akwụkwọ Baibul. Were mkpụruokwu agaghị akarị otu narị chikọta ya ọnụ.
2. Aha a bụ Amadi nọchitere anya 'Adàm'. N'usoro mkpọpụta dị otu a, rọgharịa aha agwa ndị ọzọ nọ n'abụ a: Efuru, Kaine, Belusom, Cheta.
3. Olee etu Amadi siri ghọta ihe omimi-nke sitere na mkpịsị ngụgụ ya furu efu; oleekwanụ etu nke a siri metụta ọnọdụ ya na onye otu ya?
4. 'Ofe nwamkpi jiri rakwa agba.' Okwu a biara karịa otu ugboro n'abụ a. O nwere etu okwu a siri rụtụ aka n'akụkụ ndị Amadi na-ata ụta gbasara nsogbu bịaara ya?
5. Site n'ọdịdị muudu n'abụ a, olee etu Amadi siri hụta onwe ya n'akụkọ okike gbasara Ekemụụwa na Ọdịda nke ihe e kere eke?
6. Kọwɔa asụsụ nka, ndị e jiri dee abụ a.

The Garden of Iduu Has Transformed Into Something Else

Amadi looks on
At the person beside him
He's seized with the fear of shutting his eyes
He's uncertain of this person's intentions
He's uncertain of the intentions of this person's creator
Behold, one of his ribs is missing
Perhaps, if he shuts his eyes again
His head may be taken
And used to mould something else
Amadi sighs:
Of what use is a gift that is taken away?

'Amadi wanted a speech companion'
When has he begged for this?
All the animals
Snakes, lions
Crocodiles, birds
And trees and air
And waters and fire
Agreed to his words
To what he wanted
Creator visited Iduu to be with Amadi
Amadi visited the heavens to be with creator
Then Efuru arrives
The garden of Iduu transforms into something else

'Amadi needs a helper'
Is he a farmer?
Or is he a blacksmith?
Is he a wine tapper?
Or is he a hunter?
Food is in abundance in the garden
Stretching out a hand
He plucks a pear, pops into mouth
Turning his face
A ripe banana wants to be eaten
Turning his back
An orange sprouts in the morning, bears fruits, ripens
Helping out as in work
Amadi has no work
Helping out as in eating
Amadi invites no guest

Amadi turns his face
Regards the helper
For whose cause
His rib is taken
For whose cause
He's been placed in a death-like sleep
Fear is henceforth Amadi's food
And sleep has refused to enter his eyes
He sees a shadow,
And takes to his heels
The garden of Iduu
Is now beyond his comprehension

At what time he succumbed to sleep
What number of nights
What number of weeks
What number of months
What number of years
None does his mind comprehend
Perhaps,
This singular rib
Is the bearer of memory
Who knows,
The rib of sense and reason
May have been taken from him unto the helper

Helper indeed!
You entered the garden of Iduu
Took away what was mine
You entered the garden of Iduu
Iduu is henceforth transformed
Taking up another title
The sleep has left the eyes of all of us
Lion and Leopard
Fight each other to carry you on their backs
Scorpion and Centipede
Fight each other to comb your hair
Crocodile and Rhinoceros
Beg to bath you
When I go to see Okike as before
Okike asks that you be brought along

'Efuru is Amadi's body
One does not escape his own body'
Sleep is finished from my eyes
As I watch over my ribs
The few leftovers in me
Who knows the thoughts of your creator?
Truly, the garden of Iduu has transformed into something else

Have you wondered why your name is Efuru?
You are here in vain, in emptiness
There is no work for you to do
Have you wondered why your name is Nwaanyi?
You entered and became unbearable to me
The entire garden turned attention upon you
Whosoever you summon, in haste runs forward
Truly, the garden of Iduu has transformed into something else
The garden of Iduu has transformed totally
All that was named by me has transformed
Even Creator has changed to a new attitude
Please, destructive guest
When will you relinquish your power over Iduu
Unto the Indigene from whom you stole it while he was asleep?
Please, the barber who never asks for a fee
When will you vacate yourself from Iduu
That God's creation may drink some water in peace.

Efuru
Give back to me my rib
Which was pulled out on your behalf without my consent
Efuru,
Give back to me my sense and reason
Which you have daringly taken away
Efuru,
Go and bring back my sense and reason
From that great tree
Tree of death and life
Tree of intelligence
It stands straight, *gedem*
In the middle of the garden of Iduu
Pluck some out, pay your dues
When Creator demands his dues
May he start from the earliest offender

Amadi! Behold me in nakedness
Efuru! Behold you in nakedness
The worst has happened upon the worse
The voice of Okike thunders in urgency
Okike, ask me not where I am
I'm where your female creation has kept me
Do call upon Efuru, she may answer
Efuru cooked the soup for which the poor he-goat got a dislocated lower jaw

Okike, creator of Efuru behold
One that you created
Has disobeyed you

Okike, creator of Efuru, now
Woman has eaten and broken into pieces the earthenware.
From the time of you and I in Iduu
Have you given an order that I disobeyed?
But now,
Whosoever gave the monkey a gift of water
Has the task of getting out the cup from her hands
Okike, you cooked the soup for which the poor he-goat got
a dislocated lower jaw.

Never! Okike, don't ever do this
Are you banishing me from the garden of Iduu?
The garden, whose contents I gave their names
Lion with which I once played has pushed out attack-nails
Snake gathered forth saliva and poured upon me
The crocodile blocks the entrance to my watershed
Even the colony of ants and the multitude of scorpions
Have changed forth their language
Behold! All have transformed completely in the garden.

In haste I flee
Fleeing from my family
Fleeing from Okike
Fleeing from Efuru
Yet, I turn around
Efuru is right behind me
Does one escape from one's body?

My first son is Kaine
A trial of strength among who?

My second son is Belusom
But for Helper
The garden of Iduu would not have changed
Kaine, in father's legacy of bitterness, slaughters Belusom
The third is named Cheta
It isn't best to forget the experience of the garden of Iduu
I continue to ask Okike to receive
Receive, if only Amadi
Put back Iduu to its previous state

Days upon days
Weeks upon weeks
Years upon years
Terrible suffering fills everywhere
Whoever accosts a sibling, slaughters and eats
Then Okike enters my house
Ushered in by Efuru
Where they met, I know not
His mission is that I should repent
Do I repent, have I ever gone astray?
His mission is that I should admit
Admit and make penitence
That I, Amadi
Cooked the soup for which the poor he-goat got a dislocated lower jaw!
Only when I repent would I enter
Taking back my position in Iduu.

Gracious Okike, greetings
I shall carry out your instructions to the last

Only, answer this one question
Will Efuru enter with me the garden of Iduu?

Exercises

1. This poem redefines the Greco-Roman/Biblical myth of 'The Great Fall.' Summarize it in not more than a hundred words.
2. The name 'Amadi' stands for 'Adam.' Using a similar phonological idea, reconstruct the names of other human characters in the peom, namely: Efuru, Kaine, Belusom, Cheta.
3. How does Amadi conceptualize the mystery of his lost rib, and how does it affect his relationship with his mate?
4. The phase 'the soup for which the poor he-goat got a dislocated lower jaw was used more than once in this poem. Suggest its significance in the context of Amadi's search for the chief agency of his ill-luck.
5. From the mood of the poem, how does Amadi perceive himself against the backdrop of the myths of Creation and Fall?
6. Discuss in detail the artistic devices used in the poem.

Mmiri Ọgbàràndụ̀

Dibià afa hụ̀rụ̀ ọ̀zàrà anyanwụ̄
Ǹke nā-awụsa n'àhụ igirigi ụ̄tụtụ̀
Ọgwụ̀ ya ēkubiè umē

Dibìa àjà nụ̀rụ̀ usì ùmeji anụ̄
Ǹke nā-agbọ kwụ̀tụ̀kwụ̀tụ̀
N'itè n'ọkụ
Ya nà ọsọ ēmewe

Ǹzè sàchàrà àhụ irī nri
Manye akā n'ọ̀kụ̀
Mmanụ mkpụrụ akwụ ōjukwu
Ngwangwa
Ò zere isī

Ọzọ̄ kwùdòrò ụ̀tụ̀
Ǹkè ahịhịa urughuru
Gbàrà gbùrùgburù
Kà ọ bànye ghọrọ
Lèekwa īfuru ụ̀tụ̀
Ebe eze ọchị ya
Nà-èke uhie ūhie
N'atụ̄fùghị̀ ogè
Ọzọ̄ zọwa ōnwe ya

Nsọàlà n'anya ògbòdù
Arụ̄ na ntī ìbèriìbè

Abụ̀mọọnụ n'ọnụ àpàrị̀

Mànà,
Ùgò gbùzùo
Ọ̀ chakee
Onye chiọma sàchàrà àhụ
Uhie nà mmanụ ùgò
Àlọọ yā ùde lọ̀rị̀ị̀
N'ime īme àpàtà

Ọ̀ wàrà ọwàra ālọmụ̀ụ̀wà
Ebe ndị ọkpū nà ndị ègède
Si amàlite ǹjèm òkìkè
Ǹke ùgboro àbụọ
Kà àtọ

Ọsacha ọ̀zàcha n'ọnwa n'ọnwa
Ohicha ìte ọkpụ ñnwa
Àkwa nne nyèrè nyè nnwà
Site n'àgbụ̀rụ̀ fère n'àgbụ̀rụ̀
Mmeē ǹkùume
Site na ndụ fère na ndụ̀
Mmeē ǹkè ndụ̀

Wepū ànwàǹsị dibià
Wèzuga akaọrū òbùọ̀fọ
Tụ̀lee taà mmiri ọ̀gbàràndụ̀
Na mmekọrịta mmụ̄ọ̄ nà mmadụ̀.

74

Ihe Omume

1. Deputa mburu ano, ndị nke kọwara ọba, ezi, ma ọ bụ nsọ nwaanyi, n'abụ a.
2. N'uche nke gị, olee ihe abụ a jiri kọwaa ọba dị ka akwa nne nyere nye nnwa?
3. Site n'ime abụ a kọwaa Ọba n'usoro abụọ ndị a:
   (a) Anya ụmụ nwoke ọdịnaala jị ahụ Oba.
   (b) Mkpa Ọba dị n'ebe atụmatụ abụọ ndị a:
      (i) ahụike nwaanyị
      (ii) nhazi ndụ n'ụwa dum.

Waters of Covenant

Dibia afa saw the rays of the sun
As it poured upon morning dew
And his charms breathed their last

Dibia aja perceived the odour of liver
As it boiled *kwutukwutu*
In the pot on fire
And he took to his heels

Nze finished his bath in readiness for a meal
And dipping a hand inside the bowl
The oily condiment is the *ojukwu* palm fruit
Quickly
Nze dodged into safety.

Ozo stopped by an apple fruit
Which some shrubs
Have enclosed
As he tried to enter and pluck
Behold the apple flowers
Glittered in red
Without wasting time
Ozo sought self-defence

Taboo in the eyes of the uninitiated
Desecration in the ears of the naive
Accursed upon the mouth of the fool

But,
As the falcon acquires its complete colour shades
It dazzles in brilliance
Lucky is she that emerges from a bath
And the red and oil of the falcon
Caress in creamy massage
The depths of her thighs

Carver of a channel of reincarnation
From where the ancients
Begin the journey of creation
For the second time
Or the third

Cleanser and Sweeper on a monthly interval
Scrubber of the child-moulding pot
The egg-gift from mother unto her child
From one generation unto the other
The blood that breathes
From one life unto another
The blood that lives

Take away the antics of the *dibia*
Put aside the handicraft of the *ofo*-bearer
Regard today the waters of covenant
That link the dead and the living.

Exercises

1. List four metaphors with which this poem describes menstruation.
2. Why, in your suggestion, does the poem describe menstruation as the 'egg-gift from mother unto her child'?
3. Describe the concept of menstruation from the following two angles:
   (a) The perception of menstruation by male traditionalists.
   (b) The importance of menstruation in the following areas:
      (i) the well-being of the woman
      (ii) the sustenance of the human race.

Nwambe I

Òo Nwambe – Iyo
Òo Nwambe – Iyo
Nwambē enwēghị nnwa – Iyo
Garụo nà dibìà – Iyo
Sị dibīa gwā yā
Ihe ya gà-eme mụta nnwā – Iyo
Dibīa àgwanụ yā – Iyo
'Wère otù okeọkpa – Iyo
Gaa n'ihu chī gị – Iyo
Sị chi gī gwā gī
Ihe gị gà-ème mụta nnwā' – Iyo
Nwambē àlaruonụ – Iyo
Wère otù okeọkpa – Iyo
Gaa n'ihu chī ya
Sị Chi yā gwā yā
Ihe ya gà-eji mụta nnwā – Iyo
Ọ rụhū izu naàbọ – Iyo
Nwambē àtụrụ imē – Iyo
Ọ ruhū izu naàbọ – Iyo
Nwambē àmụta nnwā – Iyo
Ọ mụta ṅke nàanī – Iyo
Ba yā Ihebìere – Iyo
Ihebiere Nwambe – Iyo
Ọ mụta ṅke nàanị – Iyo
Ba yā Agwụneètò – Iyo
Agwụneètọ Nwāmbe – Iyo

Ọ mụta ǹkẹ nàanī – Iyo
Ba yā Igbòhụnaanyà – Iyo
Ìgbòhụnaanyā Nwām̀be – Iyo
Nwām̀be èjewe ahịa – Iyo
Wère Ihebìere – Iyo
Tii n'ọ̀dọ ngwọ̀ – Iyo
Wère Agwụ̀neèto – Iyo
Tii n'ọ̀kpụ̀kpọ̀ ọkū – Iyo
Were Ìgbohụnaanyà – Iyo
Tii n'ọ̀dọ unèrè – Iyo

Diòchi ōteǹgwọ̀ – Iyo
Tere Ihebìere – Iyo
Nnakoroosē ọ̄nya ọ̀kụ – Iyo
Nyara Agwụ̀neèto – Iyo
Ụmụazī na-anwụ ụ̀kpàlà – Iyo
Nwụrụ Ìgbòhụnaanyà – Iyo

Nwām̀be àlụona ahịa – Iyo
Kpọwa Ihebìere
Mà ọ̀ rụhū onye nā aza ịnụ – Iyo
Kpọwa Ìgbòhụnaanyà
Mà o rụhū onye nā-aza ịnụ – Iyo
Kpọwa Agwụ̀neètò
Mà ọ̀ rụhū onye nā-aza ịnụ – Iyo
Sepụ̀rụ nụ̀ Nwām̀be – Iyo
Òroò Òroò Nwām̀be – Iyo
Sepụ̀rụ nụ̀ Nwām̀be – Iyo
Òroò Òroò Nwām̀be – Iyo

Ihe Omume
1. Kpọpụta aha ụmụ Nwambe.
2. Olee ebe Nwambe zoro ụmụ ya; oleekwanụ ihe mere ụmụaka ahụ n'otu n'otu, mgbe Nwambe anọghị n'ụlọ.
3. Gbalịa jiri ọdachi dabidoro Nwambe, kọwaa ihe nwere ike ime onye nne n'ụwa ugbu a.
4. Kọwaa asụsụ nka ndị nọ n'abụ a.

Nwambe I

Oo Nwambe – *Iyo*
Oo Nwambe – *Iyo*
Nwambe has no child – *Iyo*
Arrives at the Diviner's – *Iyo*
Asks the Diviner to tell her – *Iyo*
What to do to bear a child – *Iyo*
Diviner tells her – *Iyo*
'Take one cockerel – *Iyo*
Go to the face of your *chi* – *Iyo*
Ask your *chi* to tell you – *Iyo*
What you'd do to have a child' – *Iyo*
Nwambe arrives home – *Iyo*
Takes one cockerel – *Iyo*
Goes to the face of her *chi* – *Iyo*
Asks her *chi* to tell her – *Iyo*
What she'll do to have a child – *Iyo*
Not up to two weeks after – *Iyo*
Nwambe gets pregnant – *Iyo*
Not up to two weeks after – Iyo
Nwambe bears a child – Iyo
She gives birth to this one – Iyo
Names him Ihebiere – *Iyo*
Nwambe's Ihebiere – *Iyo*
She gives birth to this one – *Iyo*
Names him Agwuneeto – *Iyo*
Nwambe's Agwuneeto – *Iyo*

She gives birth to this one – *Iyo*
Names him Igbohunaanya – *Iyo*
Nwambe's Igbohunaanya – *Iyo*

Nwambe sets off for the market – *Iyo*
Taking up Ihebiere – *Iyo*
Hides him amongst the rafia-palm leaves – *Iyo*
Taking up Agwuneeto – *Iyo*
Hides him in the fireplace – *Iyo*
Taking up Igbohunaanya – *Iyo*
Hides him amongst the banana plantation – *Iyo*

The plam-wine tapper – *Iyo*
Taps away Ihebiere – *Iyo*
The old woman warming herself at the fireplace – *Iyo*
Warms away Agwuneeto – *Iyo*
Children gathering the edible insects – *Iyo*
Gather away Igbohunaanya – *Iyo*

Nwambe returns from the market – *Iyo*
Calls out for Ihebiere – *Iyo*
But no one answers her – *Iyo*
Calls out for Igbohunaanya – *Iyo*
But no one answers her – *Iyo*
Calls out for Agwuneeto – *Iyo*
But no one answers her – *Iyo*
Do express your sorrow for Nwambe – *Iyo*
Pity, pity for Nwambe – *Iyo*
Express your sorrow for Nwambe – *Iyo*
Pity, pity for Nwambe – *Iyo*

Exercise
1. List the names of Nwambe's children.
2. Mention the places where Nwambe hides her children, and the fates of these children during her absence.
3. Attempt a reconstruction of the fate of Nwambe to the realities of the human mother in the face of extenuating circumstances.
4. Discuss the figures of speech.

Èkàitē Èkètala Òkè

Ngwañgwa ngwañgwa
Nwaànyị̀ kèchikọ̀tàrà akwụkwọ ụgū ya
Kpokọba mkpụrụ nkwū ọ kpọ̀sàrà n'àlà
Chịkọlata òròma
Nà mkpụrụ osè
Nà akwụkwọ ọ̄kazị̣
Ha nīile n'ime abọ ahịa ya, wawòm
Ọ̀ maburu
Che ihū ụ̀la

Ọ̀ nụghị̄ òkù Nne Ēte kpọ̀rọ̀ ya
Ọ̀ hụghị̄ aka Nwunyē Bāsi nà-èfere yā
Ò chewèghi chète
Karama mmānụ
Mmanụ nrī ọ zụ̀rụ̀
Ńkè ụmụ̀azi àsatọ̄
Gà-èji èri ji m̀bụ̣̀là
N'ànyasị̀ tạ̀à
Ahịa o bụ̀rụ̀ bịa kà o bù àla
A hụ ihe kā ubi è ree ọbā

E zìrì yà ozi dị̄ mkpà
Ozi gbàsara nchèkwube ụ̀wà ya
Ozi gbàsara Èkàitē
Èkàitē, àda e ji èche ǹdò

Ọ kọrọtere ụlọ
Àda gāra njèm òdibọ
Njèm òdibọ njèm oyìbo
Ebe e jìrì akwà mere ihe nzọkwàsi ụkwụ
Mọọmìi bụ Nọọsụ
Dàadìi bụ Lọyà
Tìi nà bèreàdi n'ụtụtụ
Òsikapa nà agwa n'èhihìe
Èghèrèèghe ākwa nà ògèdè n'ànyasị
Ebe niīle bụ tìivìi
Nkịta bèkeè nà-èhi nà dụnlōòpụ

Èkàitē nwa chiọma
Nne Èkàitē nne chiọma
Mèchie ọdụ ahịa kère òke ihe ọma
Ihe ọma Èkàitē bùjùrù àkpà lọta

Nwaànyi akọtaghị nnwa yā
Ebe ọ sụkwụrụ n'otù akụkụ
Àña ọkpụkpụ n'ọkụ
Àma rìrìrì
Àgba egwu
Nkè eze fọdụrụ ya n'ọnụ nà-àku
Ewụù! Nwa m̄ afọ ìri nà ìse
Àghọọla agadī nàrị ìri nà ìse

Otù eze ihū ya nà-efū èfù
Akpụkpọ āhụ ya nà-ekpò ntụ
Anya akanrị ya ekwēghị èmepe

Ntị ghē oghē anụ̄ghị ihe
Ńke ēgheghi oghē kpụ̀ abụ n'ọnụ

Mọ̀ọmìi nnwā m jìrì ụ̀tàrị̀
Rụ̀pịa nnwā m ańya
Dàadìi nnwā m jìrì òdoò
Supuo nnwā m ùdù ntị̀ àkanrī
Bingò jìrì eze a mụ̀rụ̀ kà mmà aghà
Tapụ̄ àda ntị̀ akaèkpè
Ebe ha àbụ̄ọ̄ nọ̀ ńdọ̀rọ̀ńdọrọ
N'ihì nri e rìfọ̀rọ̀ èrifọ

Èkàitē bụ̀rù kwàshịọkọ̀ lọta
N'elu àkụ̀ Mọ̀ọmìi nà-àtarì
N'elu ụ̄ba Dàadìi nà-asụrì
N'elu anụ nà azụ Bingō nà-ègwepịà
Ebe nrahụ ya nà Bingò dị̄ n'àgbàtaobi
Mànà, Bingo ọ̀ nà-èri ènyetu Èkàitē?
O bụ̀ Bingò kpọbàtàrà Ekaitē n'ụlọ̄ à?

Mgbaraọ̄tọ, tàatà m bù Ìkpèrìmà
Onyeoshi, *Kpàrawò*
Amōosu, *Bayifo*
Ọ tàrà anụ dị̄ n'ìtè ofe Nōọ̀sụ̀
Taa nnwa dị̄ n'afọ Nọ̄ọ̀sụ̀
Taa ọkpụkpụ e dèwèèrè Bingò
Taa ụ̄bụrụ isi Lọ̄yà
Mere kà Lọyà chefùo nri ānyasị̀...

Noọsu gawa orụ ānyasị̀
Lọyà àjụ nri ānyasị̀
Kèta ịrācha naānị òròma
Kèta ịtā naānị mkpụrụ akwụ̄
Lọyà na-àta
Èkàitē àna-èbe
Bingò àna-àgbọ

Noọsu bùrù ụzọ̀ hụ
Lèedi! Osè èpuola chaa n'ime ụlọ̀
Lọyà èwèlie anyā nà *nuspēpà* lee
Tụ̀fịà! Òdìbọ̀ àghọọla àkwụ̀nà

Ònye kụ̀rụ̀ osē à?
Onye kụ̄rụ osè
Gà-àta osè.

Lọyà abụ̄ghị ọ̀kụ òsè
Lọyà abụ̄ghị onye ọrụ ugbō
Lọyà bụ̀ òkpe īkpe
Ikpe m̀kwụ̀mọọtọ
Ì lèkwèrè ogo Lọ̄yà?
Ị̀ hụ̀kwàrà ọkwa Lọ̄yà?
O chìrì echichi n'ukà
Ọ bụ̀ onye isi ochē n'òbòdò
Ọ bụ̀ Ò-mepụ̀rụ-ụ̄mụ̀ ogbènyè
'Bàị dì weè
Òleē onye akaebē gị?'

Bingò nwè ǹche nwere ūja
Bingò enwēghi ịgbā akaēbe
Akaēbe mēgidere Lọyà nà Nọọ̀sụ

Nọọ̀sụ nà-arụ n'ụlọ̀ ogwù
Nọọ̀sụ anāghị àrụ n'ugbō
Nne Èkàitē nà-àrụ n'ugbō
Nne Èkàitē mà anya osè
Osē pūru chaa
N'ime ụlō Nọọ̀sụ̀ nà Lọya
Nne Èkàitē, onye ọrụ ugbō
Gị kụ̀rụ̀ osè
Gị gà-àta osè

Nwaànyị̀ èlegharịa anyā
Ụmụ̀ àsatọ̄ ghàsàànà yà n'ụlọ̀
Ùgbu à ha èzùola ītoolū
Tinyere ǹke īri nā-abia
N'ọnwa naàbọ̀ kà àtọ
Mmanụ nri ānyasì taà tògbọ̀ n'ọmà ahīa..

Nwaànyị̀ achịkọba ọkpụkpụ
Ọkpụkpụ Āda gāṛa ǹjèm òdìbọ̀
Ǹjèm òdìbò ǹjèm̀ oyìbo
Kà o tūkwùùrù àlà
Ihīcha Àda abụ ntị̀
Otù mkpìrìsì anya mmīri āgụpụ̀
Ò fufèe n'isi
Tịpụ̀ oberẹ mkpū:
'Ònye gà-àmụrụ onye ọ̀zọ nnwa?'

Ihe Omume

1. I chere na aha e nyere abụ a dabara adaba? Site n'ihe mere n'akụkọ abụ a, nye ọsịsa gị.
2. Kpọpụta ndị atọ pụtara ihe, n'ezinụụlọ ọhụrụ nke Ekaite banyere; kọwakwaa usoro ọnọdụ nke ọ bula n'ime ha n'ebe Ekaite nọ.
3. Site n'echiche i nwetere n'akụkọ a, kọwaa agwa ndị a na nkenke:
   (a) nne Ekaite
   (b) Nọọsụ
   (c) Lọya
4. Site n'ihe ụfụ nke Ekaite gabigara, e leghi anya, a kọwataghi, ebere nwantakiri nwaanyi nakwa njem odibọ nwata nwaanyi nke ọma. Tinye aka site n'ịkọwa isiokwu abụọ ndị a n'ụzọ nke gị.

Ekaite has Received Her Share

In great haste
Woman wraps up the pumpkin leaves
Gathers the palm fruits from the ground
Gets together the oranges
And the peppers
And the okazi leaves
All into her shopping basket, *wawom*
She lifts it
Faces homeward

She hears not Ete's mother's call
She sees not Basi's wife's waving hand
She remembers not at all
The bottle of oil
Cooking oil she purchased
For eight children's
Sauce for water-yam dinner
Tonight
The wares brought to the market are being taken back
Something greater than the farm warrants an auction sale
of the yam barn

She has been informed of an important news
News concerning her life's hope
News concerning Ekaite
Ekaite, Ada that provides a shade

She has visited home
Ada the sojourner into servanthood
Sojourn into sophisticated servanthood
Wherein clothes are used as the footmat
Mummy is a nurse
Daddy is a lawyer
Tea and bread for breakfast
Rice and beans for lunch
Fried egg and plantain for supper
At every corner, there is the television
The alsatian dog sleeps on a mattress

Ekaite the lucky child
Ekaite's mother, the lucky mother
Close up your market stall and partake of the goodies
The bountiful goodies being brought home by Ekaite

Woman does not recognize her child
As she crouches in a corner
Drying up the bones
Shivering
Dancing
To the dance-beats from her leftover teeth
Pity! My fifteen year-old child
Has turned into a hundred and fifteen year-old woman

A tooth of hers is missing
Her skin is layered with ashes
Her right eye refuses to open

The opened ear hears nothing
The sealed ear is filled with pus.

My child's mummy with the whip
Pierces my child's eye
My child's daddy with the blows
Ruptures my child's right eardrum
Bingo with teeth sharpened like the war matchet
Bites off Ada's left ear
As the two struggle
Over some leftover meal

Ekaite has come home with kwashiokor
Despite the wealth that mummy controls
Despite the prosperity daddy squanders
Despite the meat and fish Bingo crushes
Her sleeping corner shares neighbourhood with Bingo
But does Bingo eat and hand out some to Ekaite?
Is Bingo responsible for Ekaite's presence in this house?

The naked one, my little baby is a criminal
A rogue, *kparawo*
A sorcerer, *Bayifo*
She chews up the meat inside nurse's soup pot
Chews up the child in Nurse's womb
Chews up the bones kept aside for Bingo
Chews up Lawyer's brains
Makes Lawyer to forget his supper...

As Nurse goes on night duty
Lawyer refuses to eat the supper
Settling only for oranges
Settling only for the palm fruits
As Lawyer eats on
Ekaite crys on
Bingo barks on

Nurse is the first to see
Look! Pepper has sprouted and ripened in this house
Lawyer looks up from the newspaper
Disgusting! The servant has turned into a harlot

Who planted this pepper?
Whosoever planted the pepper
Shall eat the pepper

Lawyer is not a pepper cultivator
Lawyer is not a farmer
Lawyer is concerned with settlements
Settlements in justice
Do you observe his dignified position?
Do you notice his post?
He took a title in the church
He is a chairman in the community
He is a provider for the indigent
In any case
Who's your witness?

Bingo's duties are to guard and bark
Bingo's duty is not to act as witness
Witness against Lawyer and Nurse

Nurse works in the hospital
Nurse works not in the farm
Ekaite's mother works in the farm
Ekaite's mother knows about peppers
The pepper that sprouted and ripened
Inside the house of Nurse and Lawyer
Ekaite's mother, the farmer
You planted the pepper
You shall eat the pepper

Woman looks around
Eight children littered around the house
Now they are nine
Plus a tenth on its way
In the coming two or three months
The palm oil for tonight's supper, abandoned in the market square...

Woman gathers the bones
The bones of Ada, from a sojourn into servitude
Sojourn into sophisticated servitude.
As she squats lower
To clean out Ada's pus-filled ear
A tear rolls out
She shakes her head
Lets out a small cry
'Who would parent a child for another?'

Exercises

1. How suitable is the title of this poem? Base your answer on the events in this poetic narrative.
2. List three significant members of Ekaite's new family and state Ekaite's relationship with each.
3. Through the ideas gathered from the passage, describe briefly the character-type of each of the following:
   (a) Ekaite's mother
   (b) Nurse
   (c) Lawyer
4. Ekaite's predicament may not have effectively captured the nuances of the plight of the girl-child in particular and female domestic servitude in general. Make further contributions to these two important themes.

Màgị, Onye Naịjirịa

Onye ọ bụlà m zùtere n'ụzọ
Kpà ngwa ọ̀gụ̀ n'aka nrī, n'aka èkpè
Egbè, mmà
Okpìrì, anyaikē
Ọsịịsọ ọsịịsọ
Nnukwu ọrụ dị
Ọrụ dị oke mkpà
Ọrụ dịịrị naānị onye dị nsọ
Onye ēnweghị ntụ̀pọ ṅjọ

Koghàchì egbè
Ọ̀ bụghị màkà ṅke à
Faghàchì mmà
Màkà ọrụ ọ̀zọ
Tụfùe okpìrì
À chọghị ya ebe à
Dochàa anyaike
Ọrụ ṅkè ya kà nà-àbịa
Tụtụ̀rụ ōkwute sònye ụmụ̄ ìbe
Gbàgotewe n'ugwu ngwaṅgwa
Sòro rụ̀ọ ọrụ iwū òkìkè
Ọrụ dị kerhgbe mbụ nà mbụ
Mbọ̀ a nà-àgba imegide arụrụ àla
Ọrụ ọma ikpōchàpụ ndị pūru eze elū
Ṅkè naānị ndị āmaghị Chukwu nà-èpu

Ahà ya bụ Magị
Mèri Màgị onye Galỉlì
Kemgbe Kraist hāpụ̀rụ̀ ụ̀wà lagoo elu igwē
Màgị hāpụ̀rụ̀ Galỉlì gbafète Nàijirià
Zagharịa ahà Àlịsafịt
Bido nyurewe àlà dị kà ọ nà-èmebu
Èmetọ̀ ndị Chukwu kèchààrà chọọ mmā
Àfọtọ̀ ndị Chukwu kèrè n'òyiyi yā

Mèri ò me mpụ ǹke Galỉlì
Mèri mēriri n'ikpe ya nà ndị Juù
Nòrọ n'elū ya zaa onye dị nsọ
Mèri, kà ị gbàlàhụ̀rụ̀ òkwute ǹkè Galỉlì
Òkwute Nàijirià èchela gị̄ n'ihu
N'àla à kà ị gà-àchọpụ̀ta
Nà Nwa Nāzārēètì anọ̀ghị ǹso

Mànà,
Chèrekwa
Òleē ndị tōruru ogo ịtụ̄ ọ bụlādi otù òkwutē?
Naānị onye ēnweghị ntụ̀pọ ñjọ.
Òleē ndị ha nà Màgị sòro taa azụ̄ dị̄ na ngịga?
Ndị Chinēke kèrè n'òyiyi yā
Ndị Chinēke kèsịrị chọọ mmā
Ọ bụrụ nà m esòghị
Ànyị sò
Ọ bụru nà anyị esòghị
Ha sò

Ọ bụrụ nà ha esòghị
Ụnù sò
Tinyere gị ònwe gị jị òkwutē
Mà gị, kwụ èle n'anya
Mà gị
Màgị

Ihe Omume

1. Gụpụtasịa atụmatụ okwu niile nọ n'abụ a, ndị nke sitere na Baịbụl nsọ; kọwaa etu atụmatụ ndị a siri daba n'isi ihe ọmụmụ nke abụ a.
2. Tụlee ma aha e nyere abụ a ọ dabara adaba n'isi ihe ọmụmụ dị n'akụko a; i nwekwara ike tinye aka n'inye abụ a aha ọzọ dabara karịa nke e nyere ya ebe a.
3. Gụo ahịrị iri ikpeazụ n'abụ a, ma tụlee ma ha enyere ezigbo aka n'iweta abụ a na njedebe.
4. Kọwaa n'uju, asụsụ nka ndị e jiri dee abụ a.

Magi, the Nigerian

Whoever I accost on the way
Holds tightly a weapon on the right and left hand
Gun, knife
Stick, axe
In great haste
There is a great task
A very important task
A task reserved only for the holy one
One without an iota of sin

Hang back the gun
It's not for this
Sheathe back the knife
For yet another task
Throw away the stick
It's not desirable here
Put aside the axe
Its duty is yet to come
Pick up a stone, join the comrades
Do climb up the hill in haste
Join to perform the task of divine law
An archetypal task
The fight against corruption ·
The good work of cleaning out the people that cut tthe upper teeth first
Only the heathen would do this

Her name is Magi
Mary Magi from Galilee
Ever since Christ left the world and rose to heaven
Magi has left Galilee and escaped into Nigeria
Changes her name to Alisafit
Begins to commit atrocities as usual
Corrupting those created in beauty by God
Polluting those created in the likeness of God

Mary the corrupt
Mary that triumphed over her case with the Jews
Upon that, took the title of a saint
Mary, though you escaped the stones of Galilee
The stones of Nigeria are hereby before you
On this land will you discover
That the child of Nazareth is not within reach

But,
Wait a moment
Who is fit to throw even one stone?
Only one without an iota of sin
Where are those with whom Magi ate up the fish in the basket?
Those created by God in his image
Those created by God in beauty
If I'm not among
We are
If we're not among
They are

If they're not among
You all are
That includes you holding a stone
Plus you standing, watching
And you
Magi.

Exercises
1. Take an inventory of the Bibical references in this poem and state how effectively each is able to capture the poem's central ideas.
2. Discuss the suitability of the title of the poem to the issues raised in this work; suggest alternative titles if necessary.
3. Read the last ten lines of the poem and suggest its effectiveness as necessary closing lines for the poem.
4. Discuss the details of the artistic device employed in this poem.

Ihe Chūru ụra

Anà m̀ èmechi windò m̀gbè m hụ̀rụ̀ ha
N'ụ̀wa naānị ha
N'òkpurù osisi mangò
N'ọ̀gbọ ogwū, ahịhịa, aja àlà
Jikpàgide ōnwe ha ụkwụ nà aka
Kà mmadụ̀ àbụọ̄ mmiri nà-èri
M̀ lelie anyā elū
Anyanwṳ̄ àlaala èzùmiike ọrụ̄
Kpùrùkpùrù kpùrùkpùrù
Egbèigwē nà-àgwọgharị n'igwē
Kà ekeọgbà e kèdòrò agbụ̄
Oke ìfùfè hùlàtàrà isi mangò
Kà o ji anyā ya hụ ihe nā-aga n'òkpurù ya
Mà fesàsịa ntà nà imòrokò
Ha ghàkòwèrè n'aka osisi
Àchọ n'efù mà hà jìkwà òkpu...

Urùkpùrù ojīī sàchìrì ihu igwē niile
Jụ nà ọnwa agāghị èkepụ̀ta ọ̀ bụlādi otù anyā
Naānị ụ̀cha àmụ̀mà mmīri
Na-abịa otù ùgbòrò, ùgbòrò àbụ̀ọ
Bụ̀ ọkụ e jì àhụ ụzọ̀
Ihe nīīle nā-ekù umē
E wèzụga agwọ̄, ediàbàlị̀ nà ụsụ
Ènyiwela isī n'otù ụ̀sọ
Àbụọ̄ ndị à amàghị̀
Àbụọ̄ ndị à echètàghị̀.

Ihe Omume

1. Jiri mkpụrụokwu akarịghị iri abụọ chịkọta abụ a ọnụ.
2. Site n'abụ a, kpọpụta ihe mgbaama ụjọ, ndị na-egosi nnukwu ihe egwu na-abịa.
3. Ọ bụ eziokwu na abụ a akpọghị ihe egwu ọ bụla aha, tulee n'onwe gị, ọdachi ndị nwere ike ịpụta ozugbo nakwa n'ọdịniihu, n'ihi ihe na-eme ugbu a n'abụ a.
4. I chere na aha e nyere abụ a dabara nke ọma n'isi ihe ọmụmụ dị n'abụ a? Nye nkọwa gbasara ihe kpatara echiche gị.
5. Kọwaa n'uju, asụsụ nka ndị nọ n'abụ a.

What Puts Out the Sleep

I was closing the window when I saw them
In a world of their own
Beneath the mango tree
Amidst the thorns, grass and sand
Clasping tightly against each other, legs and hands
Like two drowning people
I look upwards
The sun has retired from service
purukpuru Kpurukpuru
The thunder rummages through the skies
Like a python bound in ropes
A mighty wind bows down the mango tree's head
To witness the goings-on beneath it
Scattering this and that about
Draped on the tree-branch
Searching in vain for a cap...

A black cloud spreads across the face of the skies
Refuses the moon peeping out even an eye
Only the flash of the lightning
Appearing once, twice
Is the light of vision
All that live
Save the snake, civet and bat
Have rested their heads at a corner
These two are unaware
These two do not remember

Exercises

1. Summarize this poem in not more than twenty words.
2. List the ominous signs in this poem that point to an impending danger.
3. Although the poem does not state directly any particular danger, suggest some immediate as well as future dangers that may possibly arise from the events in the scene.
4. Do you think that the title of the poem captures effectively the central issues in this poem? Give reasons for your answer.
5. Discuss the details of the figures of speech used in this poem.

Ọrụ Onye Mkpocha nà Nzàcha

Àhụ gī anwụ̀rụ̀ ọkụ̄ anwụ̀rụ̀ ọkụ̄
Ebe ị nọ̀tọ̀rị n'ùsekwū
Ùwe gī mmamīrị mmamīrị
Aka gī ǹsị ñsị
A nyụọ, ì hichaa
I hichaa, à nyụọ
Ụkwụ gī agbọ āgbọ
Ebe ị nà-àghọchara ǹkè afọ̀ jụ̀rụ̀

Unyī ìtè nyàpàdòrò gị̀ n'aka
E wēpụ̀tàkwàla àka èkèle
Naānị onye dī sam kà a chọ̀rọ̀ ebe à
E sēpụ̀tàkwàlà isi
Onye isi zùrù òkè gà-èkwu okwū
Gụpụ̄ ònwe gī nà ǹke à

Onye nhicha nà mkpochā
E lēghị anya
Ṁgbe ị nọ̀ n'ọrụ akwụ̄ ụgwọ
Kà ị hụ̀rụ̀ ụ̀wà n'ọ̀fọ̀tọọ̀fọ̀
Unyī nọ̄ n'àhụ m̄madụ̀
Jìkàrịrị àzụ ìte n'òji
Ṁpụ nà arụrụ àlà ha nà-akwàdo
Sìkàrịrị ǹsị n'usì
Ha abūghị ihe ọhụrụ̄ n'anya gī

Ọrụ gị agwụbèghị
Chịkọrọ ngwa nhicha bilie ọrụ
Ihicha ǹsị
Ikpōcha agbọ
I sācha maāmirị
Ndị à bụ akaọrụ gị.

Ihe Omume

1. N'echiche gi, deputa aha abụọ ọzọ ndị e nwere ike inye abụ a.
2. I chere na ndụmọdụ nọ n'abụ a bụ maka ọdịmma mmadụ niile? Kowaa ihe kpatara echiche gị site n'ileba anya n'ọrụ ndị i chere na ha kwesiri nwoke na nwaanyị n'ala Igbo, Africa, nakwa n'ụwa gbaa gburugburu.
3. Kọwaa n'uju, asụsụ nka, ndị nọ n'abụ a.

A Task for the Sanitary Worker

Your skin, filled with smoke
As you remain trapped in the kitchen
Your clothes full of urine
Your hands full of the excreta
As the excreta is passed out, so do you clean up
As you clean up, so is excreta passed out
Your feet, full of the vomit
As you gather up what the stomach rejects

Soot from the pot has blackened your hands
Stretch not out the hand for a handshake
Only the perfect is expected here
Peep not out the head
Only the rational should speak
Count out yourself from this group

The sanitary worker
Perhaps
In your unpaid job
You've seen the world in its mess
The dirt in the human body
Is darker than the back of a pot
The atrocities that they harbour
Stink more than the excreta
All are nothing strange to you.

Your work remains yet unfinished
Take up the sanitary tools
To clean up the excreta
To pack away the vomit
To wash away the urine
Such things are your work.

Exercises
1. Suggest two other suitable titles for this poem.
2. Do you think the suggestions in the poem are in the interest of all? Give reasons for your opinion, paying attention to what you think the role of men and women should be in Igboland, Africa and the world in general.
3. Give details of the artistic devices used in this poem.

Nke Onye Ji

N'aka nrī, Mkpara nà Ìkengà
N'akaèkpè, Egbè nà Obē
N'elū, Ọ̀fọ nà Ogù
N'àla, Òmenààlà nà Ìwu

Mkpara ogologo
Mkpara mkpụmkpụ
Ìkeǹga n'ama
Ìkeǹga n'ụlọ̀
Obē n'otù akā
Obē n'aka naàbọ̀
Egbè màkà idēbe Ìwu
Egbè màkà ịdà Ìwu

Ụ̀fọdụ jūrū n'Òmenààlà kwènyèrè n'Ìwu
Ụ̀fọdụ jūrū n'Ìwu kwènyèrè n'Òmenààlà
Ụ̀fọdụ kwènyèrè nà ha nīile
Ndị ọ̀zọ jùrù ha nīile

Aka pīrī ikwè
Pịrị Ìkengà
Pịa Obē
Ụzụ kpūrū ìtèọ̀là
Kpùrù Egbè
Kpụọ Ubè˙

Iwu
Òmenàálà
Ndụ̀

Onye ọ bụ̀là nwèrè ǹkè ọ nà-esò
Onye ọ bụ̀là nwèrè ǹkè o jì n'aka
Jigidesie ǹkè ya ike
Ètisi ikē kà ụwà nụrụ
Nà ya hapụ ǹkè ya jì
Ihe dị̄ egwù èmee
N'Òbòdò
N'Ụ̀wà.

Mànà,
Onye ọ bụ̀là i lèrè anya n'ihu
Nwèrè ụjọ jị̄ ya
Nke ābụghị̄ naanị echìchè gbàsara Òbòdò
Mà ọ bụ̀ Ụ̀wà.
Kamà, echìchè gbàsara ōnwe yā
Ihe ya gà-àbụ
Ụ̀fụrụ ụ̀fụ̀rụ̀
Ajaàlà ajaàlà
Ṁgbe ọ bụ̀là
Ya tògbòrò n'àlà
Nkè ya jì n'aka.

Ihe Omume
1. Were mkpụrụokwu akarịghị narị anọ chịkọta abụ a.
2. Kọwaa atụmatụ okwu abụọ ndị a: 'aka' na 'ụzụ'.

3. N'echiche gị, gịnị mere e ji rụtụsie aka ike n'isiokwu *ihe aka mere,* n'abụ a?
4. Olee etu abụ a siri zipụta dị ka ihe kwesiri ekwesi, ụjọ dị n'ihu ndị nọ n'abụ a?
5. Kọwaa n'uju asụsụ nka ndị nọ n'abụ a.

Whatever One Holds

On the right, the Staff and the Ikenga
On the left, Gun and Cross
Upward, Ofo and Ogu
Downwards, Tradition and Law

Long staff
Short staff
Ikenga in the square
Ikenga in the house
Cross in one hand
Cross in two hands
Gun to enforce Law
Gun to break Law

Some that reject Tradition accept Law
Some that reject Law accept Tradition
Some accept all
Others reject all

The hands that moulded the kitchen mortar
Moulded Ikenga
Moulded Cross
The smith that carved the iron cooking pot
Carved Gun
Carved Spear

Law
Tradition
Life

Each person models after one
Each person holds one in hands
Clasping tightly unto it
Announcing loudly for all to hear
That, to relax the hold
Something terrible would happen
On the Land
On Earth

But,
Whoever you watch closely in the face
Has a nagging dread
Not necessarily thoughts about Community
Or Earth
But thoughts about Self
About Fate
Nothingness
A common clay
Whenever
It's dropped on ground
What's held in hands.

Exercises
1. Summarize this poem in not more than forty words.
2. Describe the concept of 'the hand' and 'the smith'.

3. In your opinion, why is the theme of handcraft given prominence in this poem?
4. How does the poem justify the fear on the faces of the characters in this poem?
5. Give the details of the artistic tools empoyed in the poem.

Ànyị Nà-azọ Gịnị?

Anya i lèrè bụ ọsụnkwụtụnkwụ
Okwu i kwuru bụ iro īro
Ijè ị gàrà bụ gbàjiri gbàjiri n'ụzọ
Ànyị nà-azọ gịnị dōwere gị òtu à?

Ị pịrị egbè chechie m̃ n'ihu
Ị mịrị mmà nọchie m̃ n'àzụ
Ì wèe nyàra okwu nà ụkà
Kà ụgbọ òlòko
Hibìchie ụzọ ngafè m
Taà, ihe ōriri nà ọnụnụ
Echi, àla jiakpụ na edè
Nwannē ya, nkwụ nà ụkwà
Kwà abàlị, ebe nrahụ nà-esè
Kwà ụtụ̀tụ̀, ebe mkpochi ābụrụ okwū

Ị kpụ̀ụ̀rụ̀ nsi nà àjà kpụbàta.
Izū gāra aga
Afa nà ọtụ̀mọ̀kpọ̀
Ọnwa gāra aga
M̀gbọ̀rọ̀gwụ̀ nà m̀kpaāhịhịa
Afọ̄ gāra aga
Amụma nà ajụ̀
N'ebe à
E lìchie, ābọọ
N'ebe ahụ̀

A bọọ, èlìchie.
Ọfị esoghị gị bịa ǹjèm̀
Ọfị esoghị gị àla ǹjèm̀
Màna, kwà ụtụ̀tụ̀ kwà anyàsị̀
I jì ụkwụ nà aka chebìchie
Jiri isī nà afọ nọbìchie

Bikō, mụ̄ ājụọ
À tụ̀ọ̀rọ̀ gị aka ebe m nọ̀
Kà àgbànyèèrè gị̀ ìzù?
Ị̀ hụ̀rụ̀ m̀ n'ụ̀wa m̄bụ gị
Kà ọ̀ bụ̀ naānị n'ụ̀wà anyammīri à?
M̀ chetààrà gị̀ ụ̀tọ ndụ̀
Kà m̀ kpàlìtèèrè gị̀ ụjọ̀ ọnwụ̄?

Mèe ēberè
Onye afọ jùrù
Doo dòò
Onye ụ̀wà ọma
Gba m̀ n'àhụ.

Ihe Omume

1. E leghi anya, onye a na-agwa okwu n'abu bụ nwaumune ma ọ bụ onye nọ mmadụ nso. Kọwaa ihe i chere gbarasara nke a.
2. Olee ihe ahịrị ndị a na-arụtụ aka:
    Ọlị esoghị gị bịa njem
    Ọlị esoghị gị ala njem

3. Ọ dịghị ka onye a na-ekwu maka ya n'abụ a o nwere ncheghariị ma ọlị gbasara ihe niile, e kwuru maka ya. Gosi ihe kpatara echiche a.

4. Kọwaa n'uju asụsụ nka ndị nọ n'abụ a.

For What Do We Compete?

Your eyes boil with hatred
Your speech is full of malice
Your steps break up the pathway
For what do we compete, that keeps you in this state?

Carving a gun, you block me in the front
Pulling out a knife, you block me from behind
And you drive forward, rancour
Like the train
Parking against my pathway
This day, food and drink
Next day, land for cassava and cocoyam cultivation
The next, palm tree and breadfruit tree
Every night, a corner to sleep is the problem
Every morning, the toilet for relief is the case

You invite poison and sorcery
Last week
The medium and the magic
Last month
The roots and the herbs
Last year
The prophecy and the clairvoyance
This way
Re-buried, exhumed
That way
Exhumed, re-buried

None has accompanied you on your journey
None returns back with you
Yet, all the mornings and all the nights
With legs and hands you block
With the head and abdomen you sit against

Pray, I ask
Was I pointed out to you
Or were you whispered unto
Did you see me in your previous world
Or only in this tear-filled world?
Do I remind you of life's pleasure
Or do I arouse in you the fear of death?

Have some pity
The contented
Earnestly do I appeal
The lucky one
Let me be.

Exercises

1. The addressee in this poem appears to be someone very close to the addresser. Give reasons to justify your answer.
2. What do the following lines suggests?
   None accompanies you on your journey
   None returns back with you.
3. The addressee appears recalcitrant to the aspirations of the addresser. Give reasons to substantiate this argumei
4. Discuss the details of the artistic devices used in thi poem.

Chì Àbọ̀ọla?

Ònye gà-àkpọte m̃ n'ụra?
Ònye gà-agwa m̃ nà chi àbọ̀ọla?
Kà m teta n'ụra ọjọọ̄
Nke nā-aghụrụ mkpụrụ obì m
Mà jụ inyẽ m èzumìike?

Nnụ̀nụ̀ gụ̀ụ̀rù egwu bịa n'isi ụlọ̀ m
Na-èkwu nà chi àbọ̀ọla
Anyanwū tịịrị̀ ụtịrị̄ tịbàta otù ụkwụ
Site na mpu ụzọ̀ m
Òrùkàràm̀bụba nà-ète egwū n'elu òkoòko osisi
N'otù ụ̀sọ

Ha nììle anọ̀ghị ebe ahụ̀
N'ihì nà ebe nììle dààrà m̀ ogbì
Dịịrị m̃ òmìmì
Tògbọọrọ m̃ n'efu

Nwa nnụ̀nụ̀,
Ì chètàrà gịnị?
Ǹke nā-akpa gī obì anụ̀rị?
Ọ̀ bụ̀ nà ị maghī
Nà obì m kpụ̀ èlù n'ọnū?
Anyanwū,
Ònye gwàrà gị̀ bàtawa
Ebe m kpọ̀chìbìdòrò ònwe m̃ ụzọ̀

122

N'ihi obi mgbawa?
Òrùkàràṁbụbā,
Ì nwèkwàrà àkọ?
I ji wèe na-àgba egwu
Nke ọ dighị onye na-akụrụ gị?

Gàa chọọnụ ebe a chọrọ ụnụ
N'ihi nà ọchị àgbalagala m̄ n'ihu
Anụrị mèèrè okpọọnụmà enyì
Mà sị ya: 'wère ọnọdù ebe m nọbùùrù'
Irū uju bụ nri m̄
Anya mmīri bụ mmiri ọ̄nụnụ m

M̀ legharia anyā
M̀ hụ ìtìrì
M matịa akā
M̀ metụta ọ̄kpọrọ
Ụkwụ m̄ zọdoro n'elu ìkùkù
Àla sepụ̀rụ ònwe yā n'ebe m gùzò
M̀ legharia anyā ọ̀zọ
Ihe nīile no m̄ gbùrùgburù
Bụ̀ ụ̀fụ̀rụ̀.

Ihe Omume

1. N'agbanyeghi na ọgụ abụ họọrọ ịnọrọ onwe ya, ọ dighị ka e kwere ka o mee nke a. Kpọpụta ndị mmekpa ahụ, nakwa ụzọ dị iche iche ọgụ abụ siri lee omume ha anya.
2. N'echiche nke gị, ndị mmekpa ahụ ndị a, ha bara uru n'anya ọgụ abụ si ele ụwa n'oge dị otu a?

3. Ụfọdụ ihe mere na ndụ mmadụ nwere ike ikpalite ụdịrị echiche ndị a kọwapụtara n'abụ a. Kpọpụta ụfọdụ ihe ndị nwere ike ibute echiche dị otu a.

4. Olee ụdịrị muudu abụ a nwere?

A New Dawn Yet?

Who shall awake me from sleep?
Who shall announce to me the rise of a new dawn
That I may awake from the dreadful sleep
That burrows out my heart
And disallows me from peace of mind?

Singing, a bird approaches a corner of my house
Informing me of a new dawn
Stretching out, the sun pushes out a leg towards me
From the crack on my door.
The butterfly dances upon a flower
At one end.

None exists there
For, everywhere is filled by a void
A mystery unto me
An emptiness unto me.

Little bird,
What's on your mind
That makes you so merry?
Don't you realize
That my heart is filled with the bile?
Sun,
Who asks you to enter?
As I lock myself in a room

In heartbreak?
Butterfly,
Are you really in your senses?
As you dance
To nobody's music?

Go seek where all of you are needed
For laughter has deserted my face
Happiness seeks forth friendship with frustration
And says unto it: 'take up my first position'
To mourn is my meal
Tears are my drinks.

I look around
I see darkness
I stretch forth a hand
I touch upon nothingness
My legs stand upon the air
The ground slips away from my footstead
I look around again
All that surrounds me
Is the void.

Exercises
1. In spite of the narrators's choice to remain alone, she appears not to have had her wish respected. List the intruders and the narrator's reactions to each.
2. In your opinion, do you think these intruders are necessary to the narrators's vision of reality at that point in time? Give reasons for your answer.

3. Certain experiences in one's lifetime can give rise to the feeling expressed in this poem. Name such experiences.

4. What is the general mood of this poem?

Onye Ọma M̄

Kà m nà-èhulatạ
Kà ị nà-esèlite m̄
Kà ị nà-èhutù
Kà m nà-esèlite gị̄
Ǹke à ekpùghị isi
Ọ̀ daghị ogbì
Ọ nà-èle, hụ
Nà m̀ gahièghị
Ọ nà-èkwu, sị
Nà m̀ chefùghị

Ǹke à agbāghị aka
Ọ kàrịrị ihe a gwọ̀rọ̀ àgwọ
Ọ̀ bụlādị ǹke sī n'aka enyì
Ọ̀ bụlādị ǹke sī n'aka irō

Onye m̄ kà ị bụ̀
Onye m̄ nà-echère
Onye nā-echère m̄
Ị kwèrè nà m
M wèe kwere nà gị
Kwegidesie ikē
Onye m̄ kà ị bụ̀

Tìnye m̄ ụ̀kpàlà n'ọnụ̄
M gà-èmechie anyā nara rie
Ụjọ adịghị.

Kụnyere m̀ nkwà
M gà-àgbara ọtọ gbasie ikē
Ihere adịghị

Onye m̄
Onye ọma m̄
Onye m kwèrè nà ya kà ị bụ̀.

Ihe Omume

1. Abụ a na-ekwu maka ụtọ ịhụnnanya nke sitere na ntụkwasi obi nke mmadụ abụọ nwere ebe ha onwo ha no. Gosipụta mkpụrụokwu na nkebiokwu ndị rụtụrụ ihe ndị a aka.
2. Kọwaa n'uju, asụsụ nka ndị nọ n'abụ a.

My Beautiful One

As I lower
You lift me
As you lower
I lift you
This one is not blind
It's not dumb
It looks to see
That I've not gone astray
It speaks to say
That I've not forgotten

This one's not a loss
It's greater than magic
Even one from friendship
Even one from enemity

One-that's-mine, you are
One that I think for
One that thinks for me
You believe in me
And I believe in you
Believing very assuredly
One-that's-mine, you are

Place the grasshopper in my mouth
I'll close my eyes and eat of it

There's no fear
Play me the music
In nakedness I'll dance in earnest
There's no shame

One-that's-mine
My beautiful one
One-that-I-believe-in, you're.

Exercises

1. The poem discusses the pleasure of love as a relationship of mutual trust between two people. Mention the words and phrases in this poem that illuminate this.
2. Discuss the details of the artistic devices used in this poem.

Notes

Nwàanyịzie (Woman gets Her Rights)
The title of this poem reflects the primary focus of the book, namely a feminist journey into womanhood – her functions, aspirations, experiences, as well as a focus on humanity and the environment. This particular poem is different from others in two important ways. First, its exhilarating and ennobling content is positively enchancing for women as it reasserts their self-worth in their family and the society. Second, the musical pulsation of the poem provides the necessary mnemonic device for anyone that desires to commit it to memory.

Inyòm, Ògòri: Both, like *nwaànyị* refer to the female in Igbo.

Òdogwu Akpụakā (Strong Armed Hero)
Domestic violence or wife battering is an action that is not seen as a punishable crime in many societies because it privileges the strong over the weak just as strength in weaponry and armoury privileges some nations over others.

The desire to dominate is portrayed in this poem as an archetypal feature of primitive societies, which has continued even in our so-called civilized times. The power that believes itself to be superior promulgates laws that others must observe, like an abusive male partner who expects compliance from his female victim. The battering syndrome is the not only the cause but the effect of stereotyped roles and unequal power relations between men and women. Not only does public opinion tolerate it, but the gatekeepers of patriarchal laws and customs (Nnanyereugo: Royal Paternal Legacy; i.e. the courts, medicine, psychiatry, police, schools the church, etc.) are silent about it, thereby granting implicit legitimacy to the batterer. But, asks this poem, for how long will the abuser and the abused hold on, in the emerging trends and conditions of our times?

Anya a rọ̀rọ̀ yà n'ugwu
Ọnụ a kọ̀rọ̀ yà nà ṅdịda
Mba a bàarà yà n'ọ̀wụwa anyanwū
Ọ̀kpọ esùrù yà n'ọ̀dịdà anyanwū

These lines are employed to capture the ordeals which the abuser encounters outside the home.

Ha niīle nà-ezùkọ ọnū...

The anger, frustrations and pitfalls encountered outside are visited upon the woman at home in form of misplaced aggression. The strong often look for the weak upon whom to visit their frustrations.

Mu, ụmụ̀ m...

...

Ndị m yiri

Many women, irrespective of differences in race or class, experience some form of abusive relationship or the other in their intimate lives.

E gburu... tọọtọọ /Beaten into pulp
Kụọ...gwoogwoo /Broken into bits
Napụ... isi / Decapitation: rendered headless, i.e. mentally unbalanced as a result of physical and psychological torture.
Nara... olu/ De-voiced: voiceless. Many women in abusive relationships are too scared or ashamed to speak out.
Uyọghịrịyọ /A state of physical, psychological shabbiness and weakness.

Bosnia...Rwanda... Somalia /Examples of countries which have in recent times tasted the ugly pills of patriarchal power, greed and an obsessive quest to dominate.

...jị ji

...

Jiri ntị ya.

An idea of absolute power, which allows one to promulgate laws in which such a person will be privileged.

Gbuo
Ebepụkwala isi...
Amakpọkwala ya anya

An idea of arbitrary laws that always reveal blatant contradictions in the laid-down human principles of justice.

Abaḷagbaaka (Never-An-Empty-Night)
The morning-after feeling for a man who patronizes a commercial sex worker. He is depressed, spiteful of himself and his partner, and feels hopeless.

Katapila/caterpillar: a name often used for any type of tractor and grader.

Ndi amara ibe m

The speaker likens himself to a magnanimous fellow who, for instance, lets his generosity flow out from several points in his body.

Ego m tinyere...
Wepụrụ n'akpa
Mmạị m wụnyere...

Wụsara n'ime isi
Anụ m tara...
Fabara n'ime afọ

The first line in each parallel pair above depicts half-finished sentences, typical of a speaker going through some psychological turmoil.

Ogige Iduu Aghọọla Ihe Ozo (The Garden of Iduu has Transformed into Something Else)

The poem recreates the mythic story of the Creation and Fall and the role of the principal characters: Creator, Adam (Amadi) and Eve (Efuru). The names have been adapted into some Igbo personal names, namely:

Amadi: typical name of a male, suggesting an *indigene*, a *landlord* or *non-visitor* in Igbo.

Efuru: a given name usually answered by Igbo women of Eastern Nigeria. Irrespective of other meanings of this name, the translation adopted here, in order to give it its poetic associative translation, is *Nothingness* — as in the Igbo morphological root: *fu* (loss, void).

Kaine: a proper name for the male around the Onitsha -Igbo area. Here, it is used for the first son of Adam and Eve. An Igbo translation of this name is *Let's see or we shall see* (as in a competition).

Belusọm: a proper name that may be answered by both the male and female in Igbo. In this poem, the name is used for the second son of Adam and Eve. Its interpretation, among others, include:

(i) But for Me
(ii) Because I'm Involved
(iii) If Not for Me.

Mmiri Ọgbarandụ (Waters of Covenant)
This poem, which can be interpreted on more than one level, attempts to use several images to capture the mythic and taboo nature of mentruation. The self-styled quardians of Igbo tradition and morality are suffering from the following afflictions on the subject of menstration: ignorance, fear, or they might actually be envious of those who have been exclusively blessed by nature to experience it. The monthly experience of women is portrayed to be imbued with propensities which enable the dead to revisit the world through reincarnation. Thus, claims to traditionalism and spritual superiority by the *dibia afa, dibia aja, nze* and *ozo* are rendered suspect and artificial, for even they cannot unravel the mystery of menstruation and are therefore scared of it.

The reddish colour of menstruation is depicted in the following four images: early morning sun rays, liver, palm fruit (the specie from ojukwu palm tree) and a flower. The English word, flower (*ifuru* in Igbo) is used also by Igbo women in the early colonial days to refer to menstruation.

The guardians of Igbo culture are depicted as people plagued by several kinds of phobia which they are constantly at psychological war with. These, according to the poem, include the early morning dew *(igirigi ututu)*, liver portion of meat *(omeji anu)*. meals prepared with oil from ojukwu palm fruit *(ofe mkpuru nkwu ojukwu)*, and flowers *(ifuru)*.

Ugo gbuzuo o chakee: Only the woman who reaches a certain age is endowed with menstrual honour.

Ọ wàrà ọwàra alọmụ̀ụ̀wà
Ọwara Channel: the channel, through which menstruation flows, is a path that every human born by a woman through normal delivery is expected to pass.

Ite ọkpụ ñnwa: the uterus

Àkwa nne nyèrè nyè nnwā: menstruation is decribed here as a biological gift that passes obligatorily from mother to daughter, it is a female genetic legacy.

Ụ̀wà Ebee (Earth Cries)

In this poem, Mother-Earth is in a heart-rending agony about her last days, which incidentally would result in the annihilation of the peoples of the earth too. According to her, humans, whom she has tried to nurture have turned around to rape her. Unwittingly, their attempt to destroy Earth is leading to their own destruction too. The second word, *Ebee,* in the title of the above poem can be interpreted in two ways, depending on the tones of its three-syllable structure. First, when it is LHS (i.e. Low-tone, High-tone and Down-step), it is read as 'where?' Thus, the title would literally be 'Earth where?' and the semantic interpretation would be any of the following:
(a)   What direction for Earth?
(b)   Which other Earth?
(c)   Whither, Earth?

Another interpretation of this poem made possible by its tonal configuration is 'Earth Cries' where the three-syllabic word *Ebee* is marked as LHH. As can be observed, this is the interpretation used as the poem's title. It is important to point out, as in the present explanation, that the title is open to more than one interpretation.

Akwà mkpùchi: The ozone layer
Ọ̀sịsọ̄ si m n'isi ehuputa
Ėhùjuola oke òsimirì

This refers to the precipitous melting of the icecap in the North Pole.

*Ọ̀dùm...*Leopard
*Eke Ọgbà...*Anaconda

These animals have been displaced from their natural habitat as a result of human action of deforestation, pollution of the land, air and sea.

Ụmụ kpāra nkụ ahụhụ...
Ǹgwèrè...ụgwō̧

The law of retributive justice visits, like lizards invited to a feast by someone who has unwittingly fetched a bundle of firewood that is full of ants.

This poem was first read in November 2004, in Imo State University, Owerri, Nigeria at the annual conference of the Association for Promoting Nigerian Languages and Culture.

Ọrụ Onye Mkpocha na Nzacha (A Task for the Sanitary Worker)

The care of their young children, of their old parents and relatives, and the care of the sick are traditionally associated with women's roles. In their vulnerable state, humans depend on caretakers; often females, for their survival. Yet in matters of governance, leadership, and decision-making in the public sphere, the same caretakers are ridiculed as muddle-headed, incompetent and 'unclean.' As potrayed in this poem, only those who are knowledgeable on issues bothering on human sustenance such as feeding as well as cleaning of human wastes and filth should be deemed worthy to take up the mantle of leadership. With an admixture of firmness and compassion, such a person, who is knowledgeable in the weaknesses and foibles of humans, would, in the public arena, forge a more articulate vision for all.

Màgị Onye Naijiria (Magi, the Nigerian)
Stoning the adultress, an ancient Semitic culture is questioned in the present times where this is still practised. Jesus, in Bibilical times, supplies us with a reminder to this act, namely only the innocent from even the minutest sin is fit to throw a stone. The improbability of this prerequisite portrays the barbaric act as viclence perpetrated against the female. The name Magi stands for Mary Magdalene, a woman who was believed to be an adultress, whom Jesus saved from an ultimate execution by stoning from the mob. Jesus's request to the blood-thirsty mob at the time is still relevant today: whoever is innocent of sin should throw the first stone.

There's Enough Room
The message of this poem is enshrined in the golden rule of live and let live. Its pledge is for a more humane environment devoid of strife and untimely deaths.

E wee mechie anya rie ukpala
Nke agbataobi nyere

This is an idea of a state of human relationship that is built on trust, preservation and protection of lives and values.

...uzu kpuọ mgbirimgba

A bell to alert a trespasser is believed to be sufficient, not guns and missiles to kill.

Methuselah

Biblical allusion to the oldest person recorded in history. The idea here is that only when people are able to master the art of living up to the age of this Biblical figure will their deaths be adjudged as timely.

Nwambe (Nwambe)

Nwambe (a tiny rodent of the bush-rat species) is used to represent the female mother who is caught in the web of circumstances beyond her control. Many women desire to have the experience of conception and pregnancy and would go to great lengths to have them, as seen in **Nwambe's** desperate search for motherhood. The names of children chosen by this fictitious character typify her triumphant achievement as a mother: *Ihebiere* (may things be settled); *Igbòhụnaanya* (that the Igbo people shall witness); *Agwụneèto* (the god, Agwụ should be extolled). A woman bleeds at the times of delivery of her children. Her heart bleeds too when these children die through extenuating circumstances in spite of a mother's attempt to hide/shield them from harm. The fate of each of Nwambe's children could be likened to the fate of children and youths who die in battlefields, war-provoked conditions, natural disasters, genocide, etc. In the face of such situations, the psychology of a mother's loss is immeasurable and pitiable.

Chi: a personal god, believed to be a guardian spirit as well as the god of personal fate.

Èkàitē Eketela Oke (Ekaite has Received Her Share)
This poem captures the themes of servitude, physical and sexual abuse of the girl-child. The girl-servant in this poem is used to represent female children from poor parents, who are often given out as wards/househelps to wealthier and more educated members of the society. The name Ekaite, given to the girl-servant, is used here as an archetypal representation of children taken from the Cross River area of Nigeria, as well as all female children that suffer various forms of exploitation, domination and humiliation all over the world. Paradoxically, the abusers are those who have literally taken up roles as fathers and mothers to these children in the absence of the children's biological parents. Her poor, illterate biological mother also suffers from the crime of her child's abusers: she faces the consequences of Ekaite's pregnant state and battered body. Both mother and child are in various states of humiliation and despair.

Bayifo: An Ashanti word for witchcraft.
Kparawo: A Hausa word for a rogue
Behold... a pepper... The pepper imagery in these lines signify pregnancy.

Òbìrì N'elu Àkwà (Resolved on the Bed)

The title of this poem is given as an equivalent to the English word and concept of sexual harassment. By giving this insidious and pervasive crime an indigenous name, the poem helps to locate the experiences of victims within their socio-cultural milieu. As this poem points out, the antics of the criminal sexual harasser are numerous and common. The culprit is often older and in a more powerful position than his victim, and the principle of collective male bonding in the workforce and other social settings has made this crime continue without any stigma or blame on perpetrators.

Ikpe nkwụmọọtọ

An irony of moral justice entrusted in the hands of a pervert. It is also an imagery of male sexuality.

Mkpọromaasị enweghi aha

Vague, elusive and incoherent charges against the female victim, all intended to frustrate her into capitulation.

...gelegele...

...mmaamịrị ọkụ...

... okpoofu...

Uncontrollable passion; lack of self-restraint.

Ude... Heavy breathing; Gasps

Olùlù: Well or gully; female sexual imagery.

...ejùlè... The snail; female sexual imagery.

...mpịọrọ...

...mbéle...

...nne otù...

These are three species of snails according to sizes, beginning from the smallest size (Urualla-Igbo dialect). The ages of the female victims are represented with the sizes of the snails. The abuser/harasser cares little about the age of his female victim.

...*fufèe n'isi...*
...*hachiri ōdu...*
...*rọọ anyā...*

The uncooperative attitude of the harasser points to his restlessness and agitated actions as he is obsessed with the base desire of lust. The phrase *hachiri odu* (ignore) is from the Orsu dialect of Igbo.

Ihe Churu Ụra (What Puts Out the Sleep)

Unrestrained passion, head-swooning eroticism and the impending dangers of flagrant abuse of desire are captured in this poem. The two people locked in a sexual embrace pay little heed to the possible dangers lurking in their surroundings: the swirling wind, the lightning and thunder, the threatening rain, the fearsome dark and the prowling predators like civets and snakes. All are ominous signs that warn of the consequences of the actions of these two people. Casual sex, as captured in this poem, has its dangers. Though not overtly mentioned in this poem, there are the possibilities of sexually transmitted diseases including AIDS, the likelihood of pregnancy, dropout from school, abortion and death. That the tree branches search in vain for any trace of 'the cap' (condom) demonstrates further the health-carelessness of these two lovers who have improvised the tree-shade as their love nest.

Abụ̄ Inyòm̀ Mbā Ụ̀wà Niīlē (United Nations Women's Song)
This poem is delivered courtesy of United Nations World Rural Women Day. For effective grassroots awareness, people must be reached through their indigenous languages, hence the attempt here to translate the United Women's song into Igbo.

Ǹkè Onye Jì (Whatever One Holds)
Different models of the rule of law are geared towards the achievement of a harmonious society. The extent of achievement of followership for each orthodoxy seems determined by several factors, among which is the effectiveness of the subjective tools being applied to capture the people's mind and psyche. Thus, each orthodoxy, which appears to be in competition with others, apparently has other personal agenda besides the production of a harmonious co-existence among humans. Needless to say, while some people successfully adapt to all the orthodoxies at the same time, others are selective, some are suspicious while some others reject all. Each competing ideology appears premised on the ego, which may be hard to deal with even if threats on human survival diminish and harmony is achieved. Somehow, it appears as though the different orthodoxies — devotees and followers alike – help to fuel the flame of conflict in the human society in order not to be found redundant by this same society. Certain objects stand as symbolism for some kind of orthodoxy, namely *obe* (the cross: Christian orthodoxy), *ikenga* (the sacred symbol of uprightness in Igbo traditional religion), *ọfọ* (the sacred symbol of justice in Igbo traditional religion), *egbe* (gun:

weapon for offence, defence, punishment and law enforcement in the modern times).

Anyị na-azọ Gịnị? (For What Do We Compete?)

Close enemies abound in all known cultures and this is given prominence in this poem. A working definition of a close enemy is: a person that makes life uncomfortable for another, but who, on the basis of one's relationship with them, cannot always be effectively avoided. These include some family members, colleagues in one's place of work, intimate friends with whom one has shared special moments in the past, business associates, lovers... The list is endless. Estrangement from relationships may be difficult to fully achieve and may come with some unpleasant price including blackmail, loss of one's prestige in the society (as in the case of divorce or loss of one's job), regrets, etc. This poem touches upon the psychological torture that may be experienced by a victim undergoing this kind of experience. Reviewing one's situation in the face of embarrassment is a necessary step for healing: it helps develop mechanisms for the reconceptualization of self – a sure instrument in the quest for self-survival and affirmative action.

Cassava...cocoyam

These are the predominant food crops among Igbo women. Sometimes, to obtain a piece of land to plant these crops is a case for a lot of intrigues during the farming period, as each woman, mother, widow, daughter-in-law, tries hard to obtain enough land from their male caretakers to cultivate for her family, especially her children's feeding. The imagery is used here to underscore the intrigues among close enemies.

palm tree... breadfruit tree
These are also food crops that are highly priced among the agrarian Igbo. They are long-lasting and are issues of much controversy, hence the use of these images to capture the perpetual feud between close enemies.

A corner to sleep...
The toilet for relief...
The poem attempts to capture the breakdown in communication between people, resulting in the denial of even a space to answer the most basic of all human needs: sleep and toilet.

Chi Àbọọla? (A New Dawn Yet?)
The poem relives the experience of the heartbroken, or someone undergoing a very painful disaster. The mood of the poem is one of despair, hopelessness and resignation. The narrator of the poem is alone, avoids contact with others, including even the most harmless things like the early morning sun, the singing bird and the butterfly.

Onye Ọma m (My Beautful One)
A poem that celebrates the joy of mutual love, interdependence and achievement that often come from an understanding between two people who have stayed together long enough to appreciate the natural endowments of each other as well as the joys of sharing. Love is not without its pitfalls; the investments (support: material,

psycho-social, etc.) that each party brings into the love circle are what ensure its sustenance.

Onye m kwèrè nà ya kà ị bụ.
'You're the one in whom I believe'.

This phrase has deliberately lengthened the name *Ònyekwèrè* thus:

Onye m **kwèrè** nà ya kà ị bụ.

This poem is written for Pius **Onyekwere** Chukwukere, to whom this book is dedicated.

www.ingramcontent.com/pod-product-compliance
Lightning Source LLC
Chambersburg PA
CBHW011746220426
43667CB00019B/2915